Ziehe deine Lebensspur

Ziehe deine Lebensspur –

persönliche Entwicklung bewusst gestalten!

KARL-LUDWIG OEHLER

Bibliografische Information der Deutschen Nationalbibliothek
Die Deutsche Nationalbibliothek verzeichnet diese Publikation in der Deutschen Nationalbibliografie; detaillierte bibliografische Daten sind im Internet über http://dnb.d-nb.de abrufbar.

© 2014 Karl-Ludwig Oehler
Umschlagdesign, Satz, Herstellung und Verlag:
BoD - Books on Demand
ISBN 978-3-7357-4967-3

*Erfolg entsteht durch Freude.
Freude an sich,
an den Mitmenschen und an den eigenen Aufgaben.*

Inhalt

Geschwindigkeitsrausch	9
Schnelllebigkeit der Zeit	14
Ziehe deine Lebensspur	21
Love it – Change it – Leave it – Love it	32
Menschliche Werkzeuge für den Erfolg	42
Ist Suggestion kein Selbstbetrug?	48
Entscheiden heißt Verzichten	56
Das Glück folgt der Entschiedenheit	58
Das große „Loslassen"	60
Fünf Sinne hat der Mensch … (oder sechs?)	62
Mit Freude mehr erreichen	66
Dankeschön!	68
Quellen	69
Karl-Ludwig Oehler	71

Geschwindigkeitsrausch

Da war es wieder, das Bild vom blauen Winterhimmel, das ich vor ein paar wenigen Stunden im Tagtraum schon vor Augen hatte.

Ich liege im Schnee, halb auf dem Rücken und blinzle vorsichtig durch eine kaputte, mit Schnee voll gepresste Skibrille in den blauen Winterhimmel.

Es war ein gewaltiger Sturz – ein Tomahawk, wie wir Skirennfahrer es nennen, viele Überschläge bei hoher Geschwindigkeit.

Ein besorgter Streckenposten beugt sich über mich und möchte die Rettungskräfte alarmieren. Gerade bei diesem Skirennen, der Belalp-Hexe, werden die Rettungshubschrauber und Rettungsschlitten oft gebraucht und stehen sofort parat.

Ich winke schnell ab und es wird mir freudig bewusst, dass ich meine Arme bewegen kann. Erleichtert bewege ich auch meine Beine und stehe zitternd auf.

Ich fühle mich wie durch eine Mangel gedreht, habe Schmerzen am ganzen Oberkörper, blute aus der Nase und aus der aufgebissenen Lippe.

Nur mit großer Mühe sammle ich meine weit verstreuten Sachen ein und fahre langsam, mit vielen Verschnaufpausen auf meinen kaputten Renn-Skiern ins Tal, wo meine Freunde im Zielraum auf mich warteten.

Auf dieser Fahrt wurde mir bewusst, dass ich mich mit aller Macht gegen den Einsatz eines Rettungsschlittens und Hubschraubers gewehrt habe, gerade so als wäre dies ein zusätzliches Eingeständnis meiner Verletzungen gewesen.

Schon im frühen Kindesalter lernte ich von meinem skiverrückten Vater das Skifahren und startete bald, gemeinsam mit meinen Geschwistern und mit gutem Erfolg, in der Rennmannschaft von unserem örtlichen Skiclub.

Den großen Durchbruch in die oberen Leistungskader habe ich zwar nie geschafft, bei regionalen Skirennen war ich trotzdem immer für einen Sieg gut.

Auch als Jugendlicher und später als Erwachsener haben mich Nervenkitzel, Geschwindigkeit und das Abenteuer eines Skirennens gereizt und so stand ich viele Winter überall in den Alpen am Start.

Neben den vielen Slalom- und Riesenslalomwettbewerben gab es schon seit Langem das Skirennen „Hexenabfahrt" in Blatten, einem Bergdorf auf der Belalp im Schweizer Kanton Wallis. Es rühmt sich als die verrückteste Volksabfahrt der Schweiz. Die Regeln dort sind denkbar einfach. Es gewinnt der Skirennfahrer, der die 12 km lange Abfahrt mit 1800 hm in der kürzesten Zeit bewältigt. Ein paar wenige Pflichttore geben dabei der Streckenführung einen gewissen Rahmen, reduzieren aber die Geschwindigkeit nicht wirklich. Eigenverantwortung, eine realistische Selbsteinschätzung, ein gutes Geschwindigkeitsgefühl, große Ausdauer und Erfahrung sind hier besonders wichtig.

Dieses Hexenrennen bestritt ich nun schon mehrere Jahre, immer gemeinsam mit meinen Freunden. War ich das erste Mal noch ein bisschen vorsichtig, wurde ich in den folgenden Jahren immer mutiger und schneller. Mit meinen langen, schnellen Abfahrtskiern konnte ich im Jahr vor dem Unfall den 25. Platz in der Gesamtwertung ergattern. Unter den vielen Semiprofis und den schnellen Einheimischen habe ich mir damit einen guten Achtungserfolg eingefahren. Der Geschwindigkeitsrausch verbunden mit den bisherigen Erfolgen ist eine starke Droge, deren Wirkung ich in den vielen Jahren, in denen ich an Skirennen teilgenommen habe, immer wieder bei anderen Skirennläufern, aber auch bei mir feststellen konnte. Die eigene Messlatte für das neue Rennen lag also sehr hoch. Insgeheim wollte ich meine eigenen Grenzen weiter ausbauen.

An diesem „Skirenntag" im Januar 1994 ahnte ich allerdings schon am frühen Morgen, dass „es" heute passiert. Ein komisches Gefühl und lähmende Gedanken beschlichen mich.
Am Tag zuvor hatte ich beim freien Renntraining schon einen riesigen Geländesprung nur mit großem Glück gestanden. Meine Gedanken beim morgendlichen Aufstehen drehten sich um diesen großen Geländesprung:
Wenn ich so einen Sprung nun nicht noch einmal stehe? Im Skilift hatte ich sogar Tagträume von meinem späteren Sturz, die in beeindruckender Weise dem späteren Sturz glichen. Ich hatte immer wieder das folgende Bild vor Augen:

Ich liege im Schnee, halb auf dem Rücken und schaue in den blauen Winterhimmel.

Ohne die hellseherischen Kräfte meiner Tagträume zu kennen, achtete ich an diesem Morgen auf keines der vielen Zeichen und deutlichen, warnenden Ahnungen. Selbst als ein fremder Liftpartner sich versprach und mir, anstatt für das Skirennen „Hals und Beinbruch" zu wünschen, wörtlich sagte „Du wirst dir Hals und Bein brechen!" reagierte ich nicht.

Ich fuhr das Abfahrtsrennen wie der Teufel, wie in Trance, eben bis zu dieser Geländekante und dem gewaltigen Sturz.

Auch wenn es merkwürdig klingen mag, der Sturz wirkte wie eine Befreiung. Ich konnte wieder klar denken und meine ganze Energie richtete sich sofort auf mein Ich und das Jetzt.
Diese Klarheit der Gedanken auf mich selbst bezogen war mir, in der Schnelllebigkeit meiner Zeit, abhandengekommen; sicherlich schon lange vor diesem Renntag.

Zuerst mit großem Gelächter, dann mit Besorgnis wegen meines blutverschmierten Gesichtes und dem humpelnden Gang sowie den demolierten Skiern empfingen mich meine Freunde im Ziel. Ich konnte mich nicht richtig bücken. Meine Freunde mussten mir die Skischuhschnallen öffnen, in den warmen Anorak helfen und wollten mich noch vor Ort in die Ambulanz einweisen. Mich aber drängte es mit aller Macht heimwärts. So als wäre das Heimkommen schon ein Teil meiner Genesung.

Meine restlichen Utensilien hatten meine Mitstreiter schnell für mich aus der Ferienwohnung zusammengesucht und mich dann vorsichtig und „ruckfrei" im Auto nach Hause gefahren.

Nach einem kurzen Hallo und ein paar Worten mit meiner Frau bin ich noch am gleichen Abend ins heimische Krankenhaus. Mit barschem Ton befahl mir der diensthabende Arzt doch meine Skiunterwäsche auszuziehen. Dies habe ich dann nicht mehr geschafft. Ich konnte meine Arme nicht mehr nach oben bewegen. Eine Schere befreite mich von dem verschwitzten Skihemd.

Die folgende Röntgenaufnahme zeigte:

„Siebter Brustwirbel gebrochen, die Rippen geprellt, wahrscheinlich 6 Monate Gipsbett." Trotzdem habe ich wirklich Glück gehabt, denn ich konnte Beine und Arme bewegen.

Sofort wurde ich mit Medikamenten ruhig gestellt, meine Frau brachte Wäschebeutel und Schlafanzug und so endete mein Hexenrennen im Krankenbett.

Ich war 35 Jahre alt und hatte bis dahin das Leben mit einer unglaublichen Geschwindigkeit gelebt, nicht nur im Skirennsport, sondern auch in vielen anderen Bereichen des Lebens: in der Familie, mit meinen vielen Freunden, in meiner Bankerkarriere und beim alltäglichen Sport.

Bis spät in die Nacht lief meist noch der Fernseher, nicht um konkret und bewusst eine Sendung anzuschauen, sondern verbunden mit dem permanenten „durch die Programme zappen" in der ewigen Angst, irgendetwas zu verpassen.

So wie durch die abendlichen Fernsehprogramme, so bin ich auch durch das Leben „gezappt". Ich kam mit wenigen Stunden Schlaf aus, machte viele Dinge gleichzeitig und ... ich hielt mich für unsterblich.

Dieses Gefühl der Unsterblichkeit wurde mir allerdings durch den Skiunfall genommen. In den ersten Tagen nach dem Unfall im Krankenhaus hatte ich starke Alpträume: „Ich fuhr mit hoher Geschwindigkeit in einen Tunnel, der immer enger und dunkler wurde."

Jedes Mal bei diesem „Tunnel-Traum" starb ich einen Tod.

Ich nahm nach vielen dieser Träume das Wissen um meine eigene Sterblichkeit an und fand darin auch nichts mehr Bedrohliches.

Ich spürte: „Leben und Tod gehören zusammen, sie sind die zwei Seiten der gleichen Medaille."

In der langen Zeit der Genesung und des Liegens wurde ich aber auch zu einer wohltuenden Langsamkeit gezwungen.

Ich dachte daran, dass ich früher in meiner Jugendzeit viele Bücher las, und dann nach der Ausbildung außer Fachzeitschriften lange nichts mehr. Ein Buch war mir zu „langsam", einfach nicht schnell genug. Nach diesem Unfall nahm ich wieder Bücher und Romane in die Hand, schaltete seltener den Fernseher ein.

Ich machte mir wieder Gedanken und reflektierte mich und meine Situation: Warum ist alles so, wie es ist? Warum bin ich gerade Banker geworden? Warum fahre ich immer noch Skirennen? Warum bin ich so schwer gestürzt? Was ist Erfolg? Was ist für mich Erfolg? Was ist für mich Glück? Was ist mein Lebensziel? Was passiert, wenn ich sterbe?

Diese Gedanken mündeten in den Wunsch, mehr über diese Dinge zu erfahren.

Vor allem konzentrierte ich mich in dieser Zeit nach meinem Unfall auf mein „Gesundwerden". Ich überdachte aufgrund der Rückenschmerzen, welche Körperhaltungen, welche Bewegungen, welches Essen und manchmal auch welche Besuche mir wirklich gut taten und welche eben nicht. Genauso wie ich zwangsweise meine „Körperhaltung" überdachte, ging ich nun auch achtsamer mit meiner inneren „Geisteshaltung" um.

Passen meine Gedanken zum Gesundwerden?

Von diesem neuen Bewusstsein und Wissen bestärkt übernahm ich nun bewusst Verantwortung für mich – manchmal auch gegen den Rat der Ärzte. Ich fühlte in mich, in Situationen und in Menschen hinein und traf dann selbst die Entscheidungen, die sich für mich richtig anfühlten, bei denen ich meinem neuen Verantwortungsgefühl gegenüber Rechnung tragen konnte.

Der Skiunfall hat mir neue Wege aufgezeigt, und ich bin diesen gefolgt, habe mich verändert, verändert im positiven Sinne.

Verbunden mit der Langsamkeit der Genesung wurde bei mir ein positiver Prozess in Gang gesetzt. Einen Prozess hin zum bewussten Leben und Erleben in einer sich immer schneller drehenden Welt.

Schnelllebigkeit der Zeit

In der heutigen Zeit entwickeln sich Dinge mit einer großen Geschwindigkeit. Die deutsche Managementtrainerin und Sachbuchautorin Vera F. Birkenbihl verdeutlicht in ihrer Studie diese rasante Beschleunigung der letzten Jahre anhand der „Wissensentwicklung".

Das „Gesamtwissen" der Menschheit verdoppelte sich von Christi Geburt bis 1500 n.Chr., also in 1500 Jahren. Es herrschte zu dieser Zeit das graue Mittelalter, in dem ist nicht viel Neues passiert.

Vera F. Birkenbihl geht in ihrer Studie davon aus, dass sich das „Gesamtwissen" zum Zeitpunkt der Studie alle vier bis sechs Jahre verdoppelt, Tendenz weiter beschleunigend.

Diese Studie von Birkenbihl ist rund zehn Jahre alt. Ich bin sicher, wir sind in der Wissensverdoppelung bereits weit unter den vier Jahren angekommen.

Gerade mit dem Internet „explodiert" unser Wissen und die damit verbundene Geschwindigkeit in der Entwicklung.

Als ich 1977 bei der Sparkasse meine Ausbildung begann, wurde die EDV noch mit Lochkarten bewältigt. Meine Aufgabe war, zu prüfen, ob die Löcher richtig gesetzt waren. Am Jahresende mussten wir Lehrlinge mit dem Taschenrechner den Zins und Zinseszins der Sparbücher ausrechnen und auf dem Kontoblättchen vermerken, damit er dann von Hand verbucht werden konnte. Wenn ich heute mit den damaligen Kollegen darüber spreche, müssen wir schmunzeln.

Mein Freund, heute noch ein erfolgreicher Immobilienmakler, hatte in unserer Gegend eines der ersten mobilen Telefone, einen großen Koffer im Auto, verbunden mit einem Kabel zu einem riesigen Telefonhörer in der Mittelkonsole seines Autos. Wann, meinen Sie, war das?

1993, also gerade einmal vor rund zwanzig Jahren. Wie ist es heute?

Als ich 2009 meinem Vater stolz mein neues i-Phone mit dessen Funktionsmöglichkeiten zeigte, hat er erstaunt gesagt: „Was ist das für ein Teufelszeug?"

Ein bisschen hatte er ja recht mit seiner Meinung „Teufelszeug", denn gerade mein i-Phone, verbunden mit der Möglichkeit, immer und überall nicht nur per Telefon, sondern auch per Mail erreichbar zu sein, hat *meine* Zeit nochmals beschleunigt. Mit dem Song „Muss nur noch kurz die Welt retten ... noch 148 Mails checken ..." macht der Sänger Tim Bendzko deutlich, dass es vielen Menschen ähnlich geht.

Da stellt sich schon die Frage: Wie komme ich mit dieser „Geschwindigkeit" zurecht. Konnte beziehungsweise kann ich diese empfundene Geschwindigkeit beeinflussen? Habe ich mit meinem „Alles haben und alles erleben wollen" selbst nicht einen großen Teil zu meiner gefühlten Schnelligkeit beigetragen?

Unser Körper und unser Gehirn scheinen auf den ersten Blick sehr belastbar.

Michail Gorbatschows Worte: „Wer zu spät kommt, den bestraft das Leben" prägten diese Entwicklung in den 1970er bis 1990er Jahren und versinnbildlichten diese Beschleunigung der damaligen Zeit, und prägen oft auch heute noch unser Tun.

Bei dieser Schnelligkeit verlieren wir Menschen häufig unser Ziel aus den Augen. Diese Ziellosigkeit versuchen wir dann, mit einer noch höheren Geschwindigkeit zu kompensieren. So entsteht ein gefährlicher Kreislauf. Das Rennen im Hamsterrad beginnt.

Darum ist es wichtig, sich zu hinterfragen: Sind wir noch auf dem richtigen Weg? **Ziehen wir wirklich noch unsere eigene Lebensspur?**

Von dieser Schnelligkeit, die wir alle mehr oder weniger in unserem Leben spüren, ist es nicht mehr weit zu einem Phänomen, das den Symptomen einen Namen gibt: Burnout.

Burnout entwickelt sich zur Volkskrankheit, nicht nur allein durch die von vielen Menschen wahrgenommene Geschwindigkeit, sondern durch die damit oft verbundene Orientierungslosigkeit. Orientierungslosigkeit, weil die Geschwindigkeit oft das eigene Lebensziel ersetzt.

Eine immense Steigerung von Depressionen, manchmal Einsamkeit, Sinnsuche zeigen deutlich, dass irgendetwas im Menschen mit dieser Geschwindigkeit nicht Schritt halten kann.

Ein indianisches Sprichwort besagt:
„Wenn du weit gerannt bist, setze dich hin, damit deine Seele nachkommen kann."

Im Nachhinein denke ich oft daran, dass mein Skiunfall dieses *„Hinsetzen"* erzwungen hat, damit *„meine Seele"* nachkommen konnte.

Ist es die Seele, die bei dieser Beschleunigung und Geschwindigkeit nicht mithalten will und kann?
Wo würde ich heute ohne mein erzwungenes *„Hinsetzen"*, ohne meinen Skiunfall stehen?

In den letzten Jahren standen Zahlen und harte Fakten im Vordergrund, wenn es um Erfolg, Karriere und das subjektive Wohlbefinden der Menschen ging.

Wo bleibt da die Freude am Leben und am Tun? Wann haben wir das letzte Mal mit einem Freund von Angesicht zu Angesicht über unsere Gefühle gesprochen, anstatt pausenlos mit dem Handy und per Mail, meist für Unwichtiges, erreichbar zu sein?
Genießen wir das Leben und auch den Augenblick? Freuen wir uns an anderen Menschen, an der Schönheit von Dingen und an der Natur?

Tatsächlich scheint ganz leise und langsam ein Umdenken in einem Teil unserer Gesellschaft stattzufinden, und die Freude an der Natur und an zwischenmenschlichen Beziehungen rücken wieder mehr in den Vordergrund.

Ich bin erstaunt, wie viele „Gleichgesinnte" ich erkenne, wenn ich den Mut habe, auch über meine eigenen Gefühle zu sprechen, anstatt nur über „mein Haus – mein Pferd – mein Boot" oder über „Zahlen – Bilanzen – Fakten" und einen Zwölf-Stunden-Tag im Büro.

In der Medizin haben Heilpraktiker und Heiler Hochkonjunktur, und selbst in den „harten" Führungsetagen unserer Großkonzerne findet man neben den reinen Analysten auch den verbindlichen, charismatischen, liebenswerten Chef, der konsequent und menschlich seine Führungsverantwortung bewusst lebt.

Befinden wir uns in einer Zeit – im Sinne des oben genannten Indianersprichwortes – des „Hinsetzens", damit die Seele nachkommen kann?

Ich denke wir stehen am Anfang dieser Erkenntnis und wir Menschen merken insgeheim, dass nach der Beschleunigung des 20sten Jahrhunderts jetzt die Zeit der „Neuorientierung" kommen wird.

Auf die „Zeichen" und meine „Ahnungen" vor dem Skiunfall habe ich damals in meinem „Geschwindigkeitsrausch" nicht geachtet. Bis heute habe ich allerdings immer mehr dazugelernt, wie wichtig dieses „Achtsam sein" ist.

Meine Ahnungen und Intuitionen haben mir mittlerweile in vielen Situationen geholfen, egal ob im familiären, sportlichen oder beruflichen Bereich.

Diese Ahnungen sind manchmal Bauchgefühle, manchmal Herzgefühle, auf alle Fälle „Körpergefühle". Selten gehen sie direkt von meinem Gehirn aus.

Dort landen sie erst an zweiter oder dritter Stelle. Dann, wenn ich mir das Gefühl bewusst mache.

Dass diese „Körpergefühle" eine lange Tradition haben, merkt man auch daran, dass sie in vielen alten Sprichwörtern auftauchen. So heißt es:

„*Ich habe ein komisches Gefühl im Bauch*" oder „*Das liegt mir auf dem Magen*", ebenso aber auch die Glücksgefühle „*Ich habe Schmetterlinge im Bauch*" weisen auf unseren Bauch als „Gefühlsherberge".

Auch Goethe verortet das Zentrum der Gefühle im Herzen. In einem Gedicht schreibt er:

Auch das ist Kunst, ist Gottesgabe,
an ein paar hellen Sonnentagen,
sich so viel Licht ins Herz zu tragen,
dass, wenn der Sommer längst verweht,
das Leuchten immer noch besteht.

Wenn ich mich an meine schlechten Gefühle, an meine „Ahnungen" vor dem Skiunfall erinnere, dann waren diese Gefühle in meinem ganzen Körper spürbar. Ich hatte zittrige Beine, einen dumpfen Druck im Magen, ein Ziehen in der Brust und bald darauf auch schlechte Gedanken im Kopf.

War dieses „ganze Ich", das mich warnen wollte, vielleicht meine Seele, die sich in dieser Situation meldete?

Welche Funktion hat diese Seele, unsere „Gesamtheit" als Mensch?

Unser Herz schlägt, unsere Beine tragen, unser Gehirn denkt, ... und unsere Seele zeigt uns unsere Richtung, unsere Lebensspur.

In „Die Mondnacht" schreibt Joseph von Eichendorff in der letzten Strophe:

Und meine Seele breitet
weit ihre Flügel aus,
flog durch die stillen Lande,
als flöge sie nach Haus.

Gerade dieses Gedicht zeigt wunderschön die Sehnsucht der Menschen, heimzufliegen, zu sich selber zu finden, sich zu entdecken, sich selbst zu verwirklichen, die eigene Lebensspur zu ziehen. Obwohl die Strophe für das „Leben" steht, ist sie jedoch meist bei „Todesanzeigen" zu finden.

Sterben ist sicherlich eine Art „Heimkommen". So war mein Skiunfall verbunden mit meinen Alpträumen im Krankenhaus auch jedes Mal ein „kleines Sterben". Dieses „kleine Sterben" hatte jedoch meine Sinne für das Leben immens geschärft, und mich immer öfters fragen lassen: Was ist wirklich wichtig in deinem Leben? Der Unfall hatte mich meiner Lebensspur näher gebracht.

Bronnie Ware, eine australische Krankenpflegerin, hat ihre Erkenntnisse aus den vielen Gesprächen mit Sterbenden in ihrem Buch „The Top Five Regrets of the Dying", frei übersetzt „Fünf Dinge, die Sterbende am meisten bedauern", zusammengefasst. An allererster Stelle steht: Ich wünschte, ich hätte mehr Mut gehabt, mein eigenes Leben zu leben.

Da stelle ich mir die Fragen, ob Sterben die einzige Art ist, „heimzukommen"?

Muss ich zuerst sterben, um nach „Haus fliegen" zu können?

Kann und muss ich dies nicht zu Lebzeiten tun?

Bin ich nicht gerade dazu auf der Welt? Brauche ich den Tod vor Augen, um zu dieser Erkenntnis zu kommen?

Ziehe deine Lebensspur

Als Santiago, ein andalusischer Hirtenjunge, zum zweiten Mal von einem Schatz bei den Pyramiden träumt, bricht er auf und geht auf die weite Reise, seinem Traum entgegen, zu den Pyramiden, zu seinem Schatz und zu seinem „Ich". Paulo Coelho beschreibt in seinem Bestseller „Der Alchimist", wie schön es ist, **seinen** Weg zu gehen. Ebenso zeigt dieser Roman auch sehr deutlich, dass nicht nur harte Schicksalsschläge, sondern auch „Umarmungen", also das satte und sorgenfreie Dasein, es erschweren können, den eigenen Lebensweg zu finden und dann auch zu gehen. Die schwerste Prüfung auf seinem Weg ist für Santiago nicht die karge, unmenschliche Wüste mit ihren vielen Gefahren, sondern der „Wohlstand in der Oase". Diesen Wohlstand der Oase und der dortige erreichte Erfolg machen ihn unsicher.

Santiago geht, allem Wohlstand der Oase zum Trotz, seinen eigenen Weg.

Nur auf seinem Weg lernt er die große „Weltenseele" kennen, das „Einswerden" mit dem Universum, wie es Coelho so treffend beschreibt.

Diese Unlust und Antriebslosigkeit, aus dem umgebenden und auch beschützten Wohlstand herauszutreten, macht es nicht nur Santiago schwer, sich aufzuraffen, seinen eigenen Weg zu gehen.

Diese Geschichte ist auch gut auf unsere Gesellschaft im Allgemeinen und auf jeden Einzelnen von uns übertragbar. So ist auch der Wohlstand unserer heutigen Zeit oft das größte Hemmnis für uns Menschen, uns weiter zu entwickeln. Mit dem Festhalten an dem bisher Erreichten können wir uns Neuem nicht zuwenden, weil wir viel zu verlieren zu haben.

Dieses „Festhalten wollen" habe ich selbst intensiv erlebt.

Mein großer Lebenstraum war schon lange, einmal als selbstständiger Trainer Seminare zu halten. Meine Erfolge im sicheren, schönen und meist sorgenfreien „Sparkassen-Beruf" haben mir die Entscheidung, den letztendlichen Schritt in die Trainer-Selbstständigkeit zu tun, nicht leicht gemacht.

Nebenberuflich gab ich ja schon seit vielen Jahren Seminare. Mit der Sparkasse hatte ich vereinbart, dass ich meine Erkenntnisse und Erfahrungen von dieser nebenberuflichen Seminartätigkeit wieder in meine Mitarbeiter und die Sparkasse zurückinvestieren werde. Dies hat viele Jahre zu unserem beider Wohle gut funktioniert – es war also sowohl für die Sparkasse als auch für mich eine Win-win-Situation. Mit der Zeit hatte ich allerdings so viele Seminaranfragen, dass ich nur mit großer Mühe beidem gerecht werden konnte. Ich konnte nicht die Fahne für die Sparkasse und meine Mitarbeiter hochhalten und gleichzeitig viele Seminartage geben. Ich musste mich entscheiden, sonst hätte mein „Festhalten" und die damit verbundene innere Zerrissenheit mich dünnhäutig oder krank werden lassen. Auf der einen Seite spürte ich deutlich meine Leidenschaft für die Seminartätigkeit, auf der anderen Seite war das Bedürfnis nach Sicherheit, nach Bekanntem und nach der Sparkasse sehr groß.

„Tausendmal" hatte ich beide Szenarien durchgespielt und sie mir vorgestellt. Auf der einen Seite meine Erfolge und meine mögliche weitere Entwicklung in der Sparkasse, auf der anderen Seite mein „Neustart" als selbstständiger Trainer und Coach.

In dieser Zeit habe ich sehr um meine innere Klarheit für diese wichtige Entscheidung gerungen und mich viel mit mir selbst auseinandergesetzt.

Wie ich es auch drehte und wendete, mein Kopf alleine sagte immer „Sparkasse", der „ganze Karl-Ludwig Oehler" fühlte immer „Seminare".

Kopf versus Seele!

Eines Abends im Herbst 2005 hatte ich beim erneuten Nachdenken auf dem heimischen Sofa plötzlich diese große innere Klarheit, um die ich so viele Jahre gerungen habe. Ich wusste ganz sicher, ich werde mich als Trainer selbstständig machen, und es wird mir gut gelingen. Diese innere Klarheit war wiederum ein Ganzkörpergefühl verbunden mit klarem Denken.

Noch heute wundere ich mich darüber, woher gerade an diesem Abend die so lange herbeigesehnte und dann doch so plötzliche innere Klarheit kam. So fühlte ich mich, als würde ich zeitgleich mit meiner Entscheidung in diese „Weltenseele" eintauchen, von der Paulo Coelho im „Alchimisten" erzählt.

Aus diesem neuen Blickwinkel meiner Entscheidung heraus sah ich sofort auch viele Zusammenhänge, Zeichen und Begebenheiten, die deutlich für diese Trainertätigkeit sprachen, die ich vorher aber so nicht wahrgenommen hatte.

Am nächsten Morgen las ich zudem in einer Zeitschrift dann folgendes Zitat:

Diejenigen, die ihre Freiheit zugunsten der Sicherheit aufgeben, werden am Ende keines von beidem haben.
Benjamin Franklin

Ich wusste, ich hatte mich richtig entschieden.

Was ist diese „große Weltenseele", von der Paulo Coelho schreibt und die ich mit meiner Entscheidung gespürt habe? Können wir dieses Gefühl beschreiben, begreifen, erleben?

Am ehesten kann ich dieses Gefühl beschreiben mit dem Wort „Verbundenheit".

Ich fühlte mich in dem Augenblick dieser Klarheit mit allem

eng verbunden, so auch mit der Sparkasse, mit meinen Seminarteilnehmern und mit meiner Familie.

Im Schlaf tauche ich manchmal auch in diese Weltenseele, in diese Verbundenheit ein. Ich träume und setze mich über alle Entfernungen und Zeiten hinweg, alles ist möglich. Am Morgen erinnere ich mich daran. Im tiefen Schlaf kann ich meinen Traum aber nicht beeinflussen.

Viel öfters erlebe ich dieses „Wegtauchen" allerdings im Halbschlaf, bei einem kurzen Nickerchen oder bei den 20 Minuten Mittagschlaf nach dem Essen.

Noch halb wach bin ich doch schon so tief in dieser „Weltenseele", dass ich alles Mögliche träumen kann. Manchmal kann ich auch noch diesen Halb-Traum mit meinen Gedanken steuern. Es scheint, als treffe mein Bewusstsein mein Unbewusstes und als sehe ich Zusammenhänge neu und anders.

Ich liebe das Mittagschläfchen.

Ich glaube, Kinder sind dieser „Weltenseele" noch viel näher. Die folgende kleine Geschichte mag dies verdeutlichen:

> *Das dreijährige Mädchen sieht zum ersten Mal ihren neugeborenen Bruder. Sie geht ganz nah an sein Bettchen und sagt zu ihm: „Erzähl mir doch bitte, wie Gott aussieht, ich fange an, ihn zu vergessen."*

Gibt es noch andere Möglichkeiten, diese „Weltenseele" zu spüren?

Manchmal, wenn ich mit meinen Skiern eine steile Rinne im Tiefschnee hinunterrausche, der Schnee bei jedem Schwung über meinen Kopf hinwegweht und mein Rhythmus das Gelände aufnimmt, da fahre ich nicht mit dem Kopf und denke, „da musst du jetzt den Schwung ansetzen", sondern ich lasse das „ganze Ich" fahren. Ich fühle diese Verbundenheit mit allen Elementen.

Wenn dann meine Skikameraden den gleichen Hang fahren, erlebe ich es beim Zusehen noch einmal mit und fühle mich mit voller Intensität ihnen und ihrem Tun verbunden. Am Abend in der Ski-Bar sehe ich dann immer noch die Glückseligkeit der Schwünge in ihren Gesichtern. Wir wissen ohne Worte voneinander, was wir erlebt haben.

Viele Worte brauche ich auch nicht, wenn ich mit vertrauten Menschen wandere. Nach mehreren Stunden gleichen Gehens spüre ich dieses Verbundensein, spüre deren Gedanken und Gefühle.

Ebenso erlebe ich beim Windsurfen diese Verbundenheit. Ich halte mit dem Segel den Wind in den Händen, gleite über das Wasser, werde eins mit Wind, Wellen, sogar mit dem Berg, der mich vom gegenüberliegenden Ufer anblickt, oder mit der Sonne, die im Wasser tausendfach glitzert. In dieser Situation bin ich manchmal an einem Punkt, dem das ganz tiefe „Eintauchen" folgt. Ich fühle mich dann nicht nur mit den einzelnen Dingen wie Wind, Wasser, Wellen und Ufer verbunden, sondern mit einer großen Gesamtheit; ein seltenes, sehr schönes und überwältigendes Gefühl. Eine indianische Weisheit lautet:

Ich bin das Land, meine Augen sind der Himmel, meine Glieder sind die Bäume.
Ich bin der Fels und die Wassertiefe.
Ich bin nicht hier, um die Natur zu beherrschen, ich selbst bin die Natur.

Sie zeigt deutlich die Verbundenheit dieses Volkes mit der Natur.

Beim Tanzen, beim liebevollen Sex, beim gemeinsamen Singen und Lachen, bei gelungenen Seminaren und Vorträgen, all da erlebe ich diese „Weltenseele" und ebenso dieses Einswerden mit meiner Umwelt und das Erkennen, dass alles zusammengehört.
Vergleichbar ist dieses „Eintauchen" mit dem „Flow".
Der ungarische Psychologe Mihalyi Csikszentmihalyi (sprich: Tschiek-sent-mi-hai) nennt diesen Zustand „being in the zone", also voll konzentriert, mit Leib und Seele bei der Sache zu sein.
Es ist das Eintauchen in eine Aufgabe, die mich fordert und der ich auch gewachsen bin. Das scheinbar mühelose Bewegen, das „Fließen", der „Flow".
„Flow" geschieht einfach und ich gebe mich hin.

Aber kann „Flow" nur in Verbindung mit „aktivem Tun" entstehen?

Ich glaube, Flow kann immer dann entstehen, wenn ich mich einer Sache hingebe. So kann das hingebungsvolle „Musikhören" oder ein „tiefes Gespräch mit Freunden" mich auch in einen Flow-Zustand versetzen, obwohl ich körperlich eher passiv bin.
Mystiker behaupten, dass die Hingabe in die Stille, das Meditieren, das tiefste Eintauchen in die „Weltenseele" sei.

Dazu passt ein alter Psalm aus der Bibel: *"Sei still und wisse, ich bin Gott."*
Intensiver als in der Meditation in der Stille kann man wohl Verbundenheit nicht erleben.

Welchen Zeitraum umfasst denn mein „Eintauchen"? Es ist ja kein Dauerzustand. Die Zeit oder die Dauer meines „Eintauchens" in die Weltenseele fühle ich unterschiedlich. Manchmal erscheinen diese Momente kurz und manchmal ewig zu sein. Wenn ich aber bewusst diese Gefühle festhalten will, entziehen sie sich mir im gleichen Moment.
Zurück bleibt ein Glücksgefühl und Dankbarkeit.
Wenn ich am nächsten Tag in Gedanken nochmals den Tiefschnee genieße und an das „Eintauchen" denke, bekomme ich Gänsehaut!

Aufgrund der unterschiedlichen Dauer meines „Eintauchens" stelle ich mir die Frage, welche Rolle die **„Zeit"** in unserem Leben spielt und ob sie mich dem Geheimnis des „Eintauchens" ein bisschen näher bringt.

Auf alle Fälle stehen Zeitempfinden und Gefühle in einem engen Zusammenhang. Die heitere Einsicht *„Was gibt es Kürzeres als eine Liebesnacht, und Längeres als zwei Sekunden, wenn man die Finger in der Autotüre eingeklemmt hat?"* zeigt dies deutlich.

Ebenso das buchstäbliche „Versinken" der Kinder beim Spielen oder wiederum die scheinbar langsam vergehende Zeit während einer ungeliebten Arbeit deuten darauf hin, dass es viele „Zeiten" gibt.

Es blitzt ein Tropfen Morgentau im Strahl des Sonnenlichts;
ein Tag kann eine Perle sein und ein Jahrhundert nichts.

Gottfried Keller stellt hier in seinem Gedicht „Die Zeit geht nicht" den Tag sogar einem Jahrhundert gegenüber. Zumindest drängt sich mir so leise die Ahnung auf, dass Mystiker wie Eckard Tolle mit ihrer Ansicht, das alles im Hier und im Jetzt passiert, also gleichzeitig, und die Zeit eine große Illusion unserer Menschheit sei, recht haben könnten. „Alles passiert im Hier und Jetzt" ist ein weiterer Hinweis auf unsere große Verbundenheit.

Diese Sichtweise passt natürlich gar nicht zu mir als ehemaliger Banker, genauso wenig wie zu unserem derzeitigen Wirtschaftsdenken.
„**Zeit ist Geld**" ist der Slogan, der sich wie ein roter Faden durch unser Wirtschaftssystem zieht.

Mit den Augen der Mystiker betrachtet ist **Zeit** eine Illusion von uns Menschen, damit nicht alles gleichzeitig passiert.
Geld ist ebenso ein Hilfskonstrukt von uns Menschen, um Werte zu definieren.
Beides, Zeit und Geld haben sich in erstaunlicher Parallelität vom Hilfskonstrukt weg hin zu eigenen Größen entwickelt und bekommen dadurch eine Eigenmacht.
Es wird mit „Geld an sich gehandelt". Geld hat sich damit zu einem eigenständigen Wert entwickelt und von den Waren, deren Wert es definieren soll, entfernt. Dieser Geldhandel ist mit verantwortlich für die vielen Wirtschaftskrisen unserer Zeit.
Ebenso hat sich die Zeit zu einer eigenen Größe entwickelt. Früher hatten die Menschen nicht die Stunde, den Tag, die Jahreszeiten, sondern orientierten sich an den verschiedenen Tätigkeiten. Noch vor 150 Jahren hatten die wenigsten Menschen eine Uhr. Man traf sich nicht um 19 Uhr, sondern nach getaner Arbeit, zum Beispiel nach der Ernte.
Wir Menschen nutzen diese Hilfskonstrukte Zeit und Geld nicht mehr ausschließlich zu unserem Wohl, sondern werden von Zeit und Geld benutzt. Wir laufen Gefahr, deren Sklaven zu werden.

Gibt es nun aber ein Rezept, dieser „Zeit- und Geldfalle" zu entkommen?

Bei der Geldfalle sind wir alle, die Gemeinschaft, die Politik gefordert, Rahmenbedingungen zu schaffen, damit Geld nicht unbegrenzt selbst zur Ware wird, damit nur noch angemessen mit „Geld" gehandelt werden kann und Geld seinem Ursprungszweck, andere Waren zu definieren, wieder gerecht wird.

Auch wir Einzelnen tragen Verantwortung, durch einen umsichtigen Umgang mit Geld – sei es bei der Geldanlage, beim Kredit oder beim Konsum – diese bisher falsche Entwicklung zu entschärfen.

Im sinnvollen Umgang mit der Zeit ist jeder selbst gefordert.
Zeit ist eben nicht Geld. Zeit können wir weder gewinnen noch verlieren.
Wir können die Zeit „leben".
Dies gelingt, wenn wir öfter mal aus unserem eigenen Hamsterrad heraustreten und uns Entspannung und Ruhephasen gönnen. Ich meine damit dieses sprichwörtliche „Hinsetzen, damit die Seele folgen kann".

In solchen Ruhephasen können wir dann auch reflektieren: „Sind wir noch auf unserer Lebensspur?"

Die Maxime, nicht alles zu jeder Zeit, sondern das Eine zu seiner Zeit, ist hier maßgebend, verbunden mit der kritischen Frage: Muss es immer „alles" sein?

Wir Menschen brauchen eben nicht „alles", wenn wir unsere eigene Lebensspur ziehen.

„Tue das, was du tust", und das mit Intensität und Hingabe, das ist das Erfolgsrezept, um der Zeitfalle zu entkommen.

Wie oft sind wir mit unseren Gedanken dem augenblicklichen Tun weit voraus oder weit hinterher? So ertappen wir uns, am Arbeitsplatz sitzend, dass unsere Gedanken um den Feierabend kreisen. Richtig effektiv sind wir in diesem Zustand sicherlich nicht.

Körperlich im Feierabend sind wir mit unseren Gedanken dann meist wieder bei der Arbeit. Der „Flow" kann nicht entstehen, wenn ich Gedanken und Körper trenne.

Wann sind wir denn mit „Leib und Seele" bei der Sache, beim jetzigen Tun?

Nach einem schönen Skitag stand ich beim Après-Ski in der Disco, eigentlich zu früh am Abend, denn die Tanzfläche war leer und die Frauen und Männer standen cool herum, warteten und hielten sich gelangweilt an ihrem Bier fest. Meine Lust zum Tanzen war sehr groß, doch in diesem Augenblick schaltete sich mein Gehirn, mein „Bremser" ein und sagte mir: „Was werden all die anderen denken, wenn ich jetzt alleine tanze?"
Dann kam mein Lieblingslied. Ich stellte mein Bier ab, ging auf die Tanzfläche und wollte tanzen. Nach den ersten zaghaften Hüftbewegungen alleine auf der Tanzfläche schaltete sich erneut mein Gehirn ein: „Wie sieht denn das aus? Was macht du denn für Bewegungen? Was denken denn die anderen von dir?" Nun wurde ich immer unsicherer, tat am Ende so, als wäre alles ein Versehen und ging weiter aufs Klo und widmete mich dann wieder meinem langweiligen Bier.

Es hätte auch anders laufen können: Ich gebe meinem bremsenden Gedanken keine Chance, gehe alleine auf die Tanzfläche und tanze, genieße die Bewegungen und den Rhythmus und werde eins mit der Musik. Ich denke weder an die coolen Frauen und Männer am Rand der Tanzfläche noch an mein Bier, sondern ich tanze! Schon nach kurzer Zeit kommt dann der zweite und gleich darauf weitere Tänzer auf die Tanzfläche. Noch während des gleichen Liedes ist die Tanzfläche brechend voll. Es ist wie mit den Pinguinen an der Küste, die warten, bis einer ins Wasser springt, dann ein zweiter, und in wenigen Sekunden sind alle im kühlen Nass. „Tue, was du tust" gilt immer und ist ansteckend.

Goethe bringt „Tue, was du tust" in seinem Faust, Teil I, auf den Punkt:

> *Geschrieben steht, im Anfang war das **Wort**.*
> *Hier stock ich schon, wer hilft mir fort?*
> *Ich kann das Wort unmöglich so hoch einschätzen,*
> *ich muss es anders übersetzen.*
> *Wenn ich vom Geiste recht erleuchtet bin,*
> *geschrieben steht, im Anfang war der **Sinn**.*
> *Beachte wohl die erste Zeile,*
> *dass deine Feder sich nicht übereile.*
> *Ist es der Sinn, der alles wirkt und alles schafft,*
> *müsste nicht stehn, im Anfang war die **Kraft**?*
> *Doch, indem ich dieses niederschreibe,*
> *schon warnt mich was, dass ich dabei nicht bleibe.*
> *Mir hilft der Geist und schon seh ich Rat,*
> *und schreibe getrost, **im Anfang war die Tat**.*

In den wenigen Zeilen baut Goethe eine wunderbare Erfolgskaskade auf.

Der Gedanke und das Wort haben eine unglaubliche Kraft.
Dieser Kraft sind wir Menschen uns selten bewusst.
Diese Kraft nützt aber nichts, **wenn wir es dann nicht tun!**

Tue es, am besten verbunden mit Intensität, mit Freude und Liebe!

Dies gilt nicht nur für unsere Freizeitbeschäftigungen wie Skifahren, Surfen, Tanzen usw. Dies gilt insbesondere für unsere Arbeit.

Der Schriftsteller Khalil Gibran formuliert: **„Arbeit ist sichtbar gemachte Liebe."** Ich musste diese Aussage mehrmals lesen, bis ich sie verstanden habe, denn die Frage ist: Passen Liebe und Arbeit wirklich zusammen?

Ja, ich „liebte" in meiner „Banker-Zeit" die Kunden, die Arbeit und vor allem meine Mitarbeiter. Natürlich nicht immer, aber fast immer! Wenn ich bei mir gespürt habe, dass etwas nicht im Lot war und diese „Liebe" nicht da war, dann habe ich mir die Zeit genommen, um dies zu ändern. Wer soll es denn sonst tun?

Genauso liebe ich heute meine Seminartätigkeit, die Teilnehmer, die Aufgabe, die kritischen und die vielen schönen Situationen, die es in dieser Tätigkeit gibt.

Ja, Arbeit und Liebe passen zusammen, und wenn es uns Menschen gelingt, dieses in unserer inneren Einstellung zu vereinen, dann „ent-falten" wir uns, wir kommen sprichwörtlich aus uns raus. Erst dann können wir uns mit anderen Menschen, auch mit der Natur oder Dingen verbinden.

Dies geht nicht, wenn ich im eigenen Kokon lebe. Wenn wir diese Verbindungen gut gestalten, dann sind wir glücklich.

Glück kommt nicht nur von innen, der Meditation und dem „in sich Versinken", wie Buddha dies lehrt. Auch nicht nur von außen wie den rein materialistischen Dingen unser heutigen Zeit, auch nicht durch eine Kombination von beidem, von innen und außen.

Es sind die oben beschriebenen „Verbindungen" zu anderen Menschen, zur Natur und zu Dingen, die glücklich machen.

Der Glücksforscher Jonathan Haidt schreibt:
Glück kommt von „dazwischen".

Love it – Change it – Leave it – Love it

Kann ich denn immer meine Arbeit lieben? Gibt es nicht Arbeiten, Menschen, Dinge oder Situationen, die genau das Gegenteil bewirken?

Obige Lebensweisheit in Konsequenz umgesetzt kann viel bewirken.

Ich entscheide mich, diese Situation zu lieben, sie anzunehmen, mich darauf einzustellen. Diese Sichtweise hat etwas mit „Hingabe" zu tun und ist am besten zu beschreiben mit der vorbehaltlosen Akzeptanz dessen, was ist.
Was ist, das ist. **Love it!**

Das bedeutet auf keinen Fall das Aufgeben meines Urteilsvermögens und meiner Eigenverantwortung. Vielmehr kann ich erst nach dieser „Hingabe" die Dinge wirkungsvoll ändern.

Ich hatte einen Seminartermin auf der Schwäbischen Alb. Als Seminarbeginn war 8:30 Uhr angesetzt, um 7:45 Uhr wollte ich mich pünktlich mit den Verantwortlichen am Tagungsort treffen. Gedankenverloren folgte ich mit dem Auto meinem betörenden Navi. Nach rund einer Stunde Fahrzeit wurden die Straßen allmählich schmaler und schmaler. Vor einer großen Straßensperre „Wegen Waldarbeiten gesperrt" wurde mir dann plötzlich bewusst, dass es hier nicht mehr weiterging und mein pünktliches Erscheinen von einem Augenblick auf den anderen auf der Kippe stand.

Im ersten Impulse wollte ich mein Navi zum Fenster hinauswerfen, die schlechte Wegbeschilderung verfluchen, sogar über die Waldarbeiter schimpfen. Zudem haderte ich mit mir selbst. Ich ärgerte mich.

Während diesem „sich ärgern und mit sich selbst hadern" lassen sich aber keine Lösungen finden. Erst wenn ich die Situation so annehme, wie sie jetzt ist, und damit ein Stück weit „Hingabe übe", kann ich wieder klar denken.

Ich lehnte mich also im Auto zurück, sagte zu mir: „Karl-Ludwig, du hast dich verfahren", und musste ein bisschen über meine Dusseligkeit schmunzeln. Ich überlegte dann in Ruhe anhand der Straßenkarte, wo ich gerade bin und wie ich zu meinem Ziel finde. Pünktlich um 7:45 Uhr fand ich auch noch einen

Parkplatz direkt vor der Tagungsstätte, wo mich der freundliche Hausmeister mit einer „Butterbrezel" in der Hand erwartete.

Erst wenn ich die Situation so annehme, wie sie ist, kann ich wieder klar denken, kann ich feststellen, wo ich bin und wie ich wieder meinen Weg und auch mein Ziel finde. Dieses „mit dem Auto verfahren" gilt im Übrigen für alle Lebenswege.

Dieses „Annehmen" erfordert Mut. Viel einfacher ist es, über Dinge zu schimpfen und Schuld zuzuweisen. Mit Schimpfen oder Schuldzuweisung machen wir Menschen uns haltlos und machtlos, denn der andere hat ja „ge-*macht*" und hat damit die Macht.

Mit Annehmen und Hingabe bauen wir Menschen uns einen festen Stand, von diesem wir aus Dinge wirkungsvoll ändern können. **Change it!**

Auch hierzu benötigen wir Mut. Wir sind Gewohnheitstiere, orientieren uns meist an unserer Vergangenheit und tun uns mit Neuem schwer. Selbst großer Leidensdruck, sei es in der Arbeit oder in Beziehungen, wird lieber erduldet, als dass man die Situation ändert. Während diesem „Erdulden", oft auch einem „Erleiden", jammern wir Menschen, finden dabei schnell gleich gesinnte Jammerer, und so ziehen sich diese Menschen gegenseitig herunter. Jammern ist das Gegenteil von Hingabe.

Bei Veränderungen verhalten wir Menschen uns oft wie der dressierte Elefant. Als Elefantenbaby wurde er am Fuß angekettet. So fest er auch an der Kette zog, seine Fesseln waren stärker, er konnte nichts bewirken.

Diese Erfahrungen prägen den Elefanten so, dass er auch als großes, ausgewachsenes und starkes Tier sich mit einer losen Kette an einem in den Boden geschlagenen Pflock fesseln lässt. Er ist sich seiner Kraft und Macht nicht bewusst. So wie der dressierte Elefant, so sind auch viele Menschen sich ihrer Kraft, die Dinge zu ändern, nicht bewusst.

Dabei gibt es in der Geschichte viele Beispiele, wie einzelne Menschen große Veränderung herbeigeführt haben. So hat 1963 Martin Luther King seine charismatische Rede gehalten und Großes gegen die Apartheid erreicht.

Sie werden sich jetzt denken, ich bin doch nicht Martin Luther King. Ich kann doch nicht so machtvoll reden, wie er es konnte. Man weiß heute, dass er lange über seinem Redekonzept gebrütet hatte. Er war unsicher, ob er die ganzen Menschen erreichen kann. Da bekam er den Rat: „Erzähle den Menschen einfach von deinem Traum." Er legte sein Konzept weg und redete frei.

Er konnte die Menschen nur erreichen, weil er dies mit großer Hingabe tat und alle seine Verbundenheit spüren konnten. **„I have a dream"** ist Geschichte. Übrigens war der Auslöser der Bewegung eine einzelne junge schwarze Frau, die in einem Bus ihren Sitzplatz nicht an einen Weißen hergab. Kleine Ursache – große Wirkung!

Nun gibt es aber Situationen, die sich trotz großer Hingabe, Veränderungswillen und Kraft nicht verändern lassen, weil andere Kräfte eben stärker sind.

Das gibt es und das gehört auch zum Leben dazu. Dann wäre die nächste sinnvolle Konsequenz, diese Situation zu verlassen. **Leave it!**

Dieses „Leave it" ist für viele Menschen sehr schwer, weil dies eine Veränderung bedeuten würde. So akzeptieren, erdulden, manchmal sogar erleiden diese Menschen jahrelang belastende Situationen, sei es in Beziehungen oder bei der Arbeit. Die Leidensfähigkeit ist, gerade auch bei Männern, sehr groß.

Nach außen hin sagen diese Menschen JA, meinen aber innerlich permanent NEIN! Diese innere Zerrissenheit raubt auf Dauer das Selbstwertgefühl, macht lustlos und krank.

Kann man denn alle Situationen verlassen?

Nein, manchmal will und manchmal kann man Situationen nicht verlassen, zum Beispiel weil man genau weiß, dass es bei einem anderen Arbeitgeber, Partner usw. genau gleich wäre oder weil starke äußere Umstände dies nicht erlauben.

Dann brauchen wir die innere Klarheit und Entschlossenheit, um zum ersten Schritt zurückzukehren und diese bisherige Situation, mit allen Unwägbarkeiten, zu „lieben". **Love it!**

Im Prinzip haben wir Menschen doch keine anderen Möglichkeiten als Love it – Change it – Leave it – Love it! Es ist eine innere Haltung, ob ich etwas tue oder lasse. „Tun oder lassen" heißt Verantwortung übernehmen! Ich tue oder lasse etwas, weil ich mich dazu gerade entschieden habe, und übernehme dafür die Verantwortung.

Eltern, Ärzte, Vorgesetzte, Pfarrer, Freunde und selbst der Partner entscheiden nicht mehr über die kleinen und die großen Dingen in meinem Leben, sondern sie sind meine Berater. Die letztendliche Entscheidung liegt bei mir, mit all den damit verbundenen Konsequenzen.

So habe ich nach den ersten Wochen nach meinem Skiunfall im Krankenhaus selbst entschieden, was mit mir „passieren" soll. Ein Arzt sagte: „Drei Monate Gipsbett." Ein anderer Arzt empfahl: „Sofortige Operation."

Ich entschied mich für (vorsichtige) Bewegungen und habe durchgesetzt, dass ich schon nach der ersten Woche mit Mitpatienten im krankenhauseigenen Schwimmbad Bewegungsgymnastik mitmachen durfte.

„Auf eigene Verantwortung" betonte der Arzt und ließ mich unterschreiben.

Ja, handle ich denn nicht immer auf eigene Verantwortung?

Mit meinen Mitpatienten habe ich dann im Bewegungsbad versucht, mit ausgestreckter Hand einen kleinen Gymnastikball unter das hüfttiefe Wasser zu drücken, was mir die ersten Tage nicht gelang. Trotzdem war ich sicher, dass die Bewegungen den Heilungsprozess unterstützten.

Reinhard K. Sprenger schreibt in seinem Buch „Das Prinzip Selbstverantwortung":
„Die Wahlfreiheit meiner Entscheidungen ist die Quelle meiner Selbstachtung."
Dies ist auch die Grundlage meiner Entwicklung und meines „Seelenheils".

Noch einen Schritt weiter gehe ich, wenn ich nicht nur für mein Tun die Verantwortung übernehme, sondern auch für das, was mir passiert. Diesen weiteren Schritt in eine „höhere" Verantwortung kann ich dann übernehmen, wenn ich erkenne, dass alles zusammengehört und im gegenseitigen Einfluss steht und miteinander verbunden ist.

Arthur Koestler prägt den Begriff eines „Holons". Ein Holon ist ein Teil für sich, kann aber nur in Verbindung mit etwas anderem bestehen. So ist ein Atom ein Teil für sich, besteht aber in Verbindung mit einem Molekül, und dies wiederum in Verbindung mit einer Zelle. Vergleichbar ist diese Verbindung mit der Masche und dem Netz. Die Masche ist ein Teil für sich, kann aber nur in Verbindung mit dem Netz bestehen und hat auch nur darin ihren Sinn. Koestler beschreibt mit seinem schönen Bild „Masche – Netz" diese Verbundenheit.

Wir alle, Menschen, Lebewesen und Dinge, gehören zu diesem großen Netz.

Wir stehen alle auf irgendeine Art und Weise in Verbindung. Wenn ich diese Zusammenhänge erkenne, dann kann ich auch über mich hinaus Verantwortung übernehmen. Das ist spannend, man lebt ganz anders, weil man sich seiner großen Verantwortung gegenüber dem ganzen Geschehen bewusst ist. Es fallen aber auch jegliche Art von Ausreden weg.

Natürlich kann ich aber diese „höhere" Verantwortung nur übernehmen, wenn ich auch Einfluss habe. Habe ich wirklich Einfluss auf das Geschehen, auf das, was mir passiert? Ist nicht alles vorbestimmt, fremdbestimmt, schicksalhaft und gottgegeben?

Ja, wir haben sehr großen Einfluss, und dies müssen wir Menschen eben wieder erkennen.

Diesen Einfluss von uns Menschen möchte ich anhand des „Erschaffenskreislauf" erklären. Das Erschaffen fängt mit meinen Gedanken, meinen Denkstrukturen an. Ich steuere mit meinen Gedanken und Vorstellungen meine Wahr-Nehmung (was ich als „wahr nehme"). Meine Wahr-Nehmung wirkt immer auf meine Glaubenssätze. (Ich sehe, also glaube ich.)
Diese Glaubenssätze haben direkten Einfluss auf meine Entscheidungen und mein Verhalten, auf mein Tun.
Meine Entscheidungen und mein Verhalten erzeugen meine Realität.
Ich erschaffe! Dies geht nur, weil wir alle in Verbindung stehen.
Alle großen Religionen auf der Erde haben eine Gemeinsamkeit. Gott ist der Schöpfer!
Steht das nicht im krassen Gegensatz zu meiner Aussage **„Ich erschaffe",** ist dies dann nicht schon Blasphemie? Überschätze ich mich da nicht maßlos?

Mascha Kaléko, die jüdische Dichterin, hat hierzu eine spannende Sichtweise:
Irgendwer
Einer ist da, der mich denkt.
Der mich atmet. Der mich lenkt.
Der mich schafft und meine Welt.
Der mich trägt und der mich hält.
Wer ist dieser Irgendwer?
Ist er ich? Und bin ich Er?

Mascha Kaléko stellt in diesen Zeilen die Frage, ob Gott nicht in jedem von uns Menschen vorhanden sei. Nicht das Getrenntsein von Gott, so wie es viele Religionen lehren, sondern diese Verbundenheit ist die Kernaussage von Kaléko. Wir Menschen sind nicht nur Betrachter des ganzen Geschehens, sondern Mitgestalter.

Meine Sichtweise ist: „Gott steckt in uns allen!"

Diesen eben beschriebenen **Erschaffenskreislauf** möchte ich bildlich darstellen:

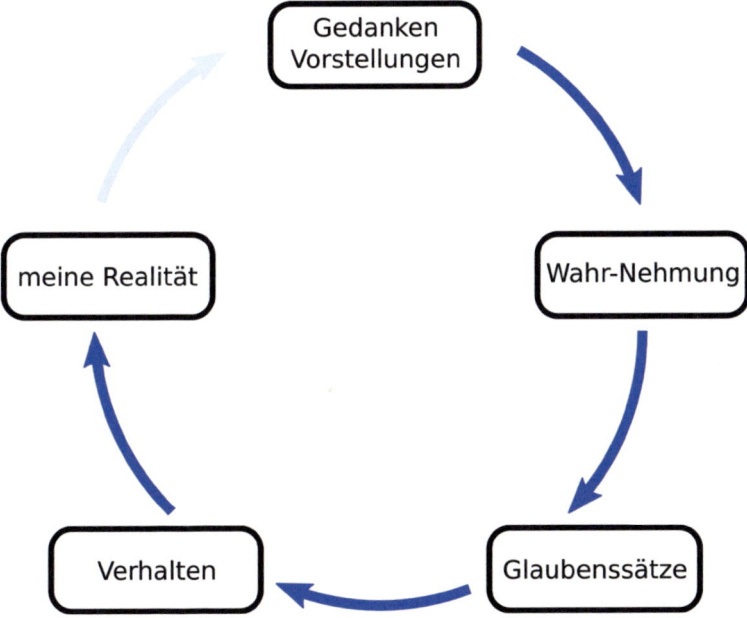

Der Einfachheit halber nenne ich den oben abgebildeten Kreislauf „Erschaffenskreislauf". Dabei ist „Erschaffen" eigentlich der falsche Begriff.

Ich erschaffe mit meinen Gedanken nichts „Neues", sondern ziehe bereits „Bestehendes" an. Alles auf und in unserer Welt gibt es schon in jeglicher Ausprägung und wir ziehen mit unseren Gedanken-Vorstellungen-Wahrnehmungen-Glaubenssätze diese bereits bestehende „Möglichkeit" an.
So haben positiv denkende und handelnde Menschen meist positiv denkende und handelnde Mitmenschen um sich herum. Vollendet wird diese „Möglichkeit" dann mit unserem Tun, mit unserem Verhalten, es wird dadurch zu unserer Realität. Das Gesetz der Anziehung ist ein wichtiges Lebensgesetz.

Vergleichbar ist dies im weiten Sinne mit einem Schachcomputer.
In einem Schachcomputer sind schon alle erdenklichen möglichen Situationen und Züge vorprogrammiert. Unser eigener „Zug" zieht dann den „nächsten Zug" des Computers nach sich (Ursache und Wirkung), und so entwickelt sich das Spiel, so auch unser „Lebensspiel".

Neben dem Gesetz der Anziehung gibt es das Lebensgesetz der Polarität.
Wir leben in einer Welt der Polarität, so folgt auf den Tag die Nacht, auf den Regen folgt der Sonnenschein usw.
Wie passen nun die Lebensgesetze **„Anziehung"** und **„Polarität"** zusammen?
Schließt nicht gerade die Polarität meinen nachhaltigen Erfolg, selbst bei noch so einem positiven „Gedanken-Vorstellungen-Wahrnehmung-Glaubenssätze-Verhalten"-Prozess aus?

Nun, es gibt wenige Dinge, die unterliegen nicht der Polarität.
Dazu gehört die **Freude**.

Freude, nicht zu verwechseln mit Spaß, dem meist die Katerstimmung folgt. Ich meine damit die tiefe Freude, die aus uns Menschen selbst kommt. Diese Freude unterliegt nicht der Polarität, weil sie unabhängig ist von äußeren Einflüssen.

Ebenso unterliegt die bedingungslose **Liebe** nicht der Polarität. Liebe, verglichen mit der bereits beschriebenen „Hingabe". Love it!

Um unseren „Erschaffens- bzw. Anziehungskreislauf" nachhaltig positiv zu gestalten, müssen wir etwas mit Freude und/oder mit Hingabe tun.

Der mit Freude und Hingabe Handelnde bestimmt seine positive Zukunft selbst!

Menschliche Werkzeuge für den Erfolg

Wir Menschen haben zwei Werkzeuge: unseren Körper und unser Gehirn!

Wenn ich meinem Körper sage, „Gehe" oder „Tue", dann funktioniert mein Körper. Ich achte auf meinen Körper, dass er gesund und leistungsfähig ist und auch bleibt. Ich habe nur diesen einen Körper, in dem ich lebe.

Auch oder gerade wenn ich älter werde, ist es wichtig, dass ich die positive Einstellung zu meinem Körper beibehalte.

Unser zweites Werkzeug ist unser Gehirn. Wenn ich meinem Gehirn sage „Denke über diese Sache nach", dann denkt mein Kopf nach.

Schwierig ist dabei nur, dass sich unser Denken verselbstständigt hat.

Versuchen Sie einmal, „nichts" zu denken oder bewusst nur an eine Sache zu denken? Dabei sind die Gedanken, die sich unbewusst aufdrängen, meist nicht die positivsten. Besonders nachts wälzen sich die Menschen schlaflos von der einen zur anderen Seite und „bedenken" ein, am Anfang zumeist noch harmloses, dann immer größer werdendes Problem. Wir haben uns ja nicht selbst geweckt, um dieses Problem zu bedenken, sondern irgendein weiteres „Ich" oder „Es" denkt in uns und lässt uns nicht schlafen.

Wenn unser Körper genauso agieren würde wie unser Denken, dann würden wir pausenlos umherrennen oder unkontrollierte Dinge tun (eine gewisse Tendenz dazu ist manchmal schon bei einigen Menschen sichtbar, auch bei mir).

Bei diesem Hin und Her der Gedanken ist es dann die Kunst, die Gedanken bewusst zu steuern und ihnen eine Richtung zu geben, die zu uns, zu unserem Ziel und Lebensweg passen.

Gedanken, die bewusst das „erschaffen", was ich möchte, weil ich damit den oben beschriebenen Erschaffenskreislauf in Bewegung setze und nicht weiterhin der Spielball von meiner unkontrollierten Gedankenflut bin.

Geschöpf nicht mehr, Gebieter der Gedanken.
Des Willen Herr nicht mehr des Willens Frohne.
Der Flute an Empfindungen Maß und Meister.

Zu tief, um an Verneinung zu erkranken,
zu frei, als dass Verstockung in uns wohne,
so verbindet sich der Mensch mit dem Reich der Geister,
so findet er den Pfad zum Thron der Throne!

Dieses Gedicht von Christian Morgenstern ist es wert, genauer betrachtet zu werden. *Geschöpf nicht mehr, Gebieter der Gedanken* – uns Menschen unterscheidet von anderen Geschöpfen, dass wir unsere Gedanken betrachten, reflektieren und steuern können. Das ist die Grundlage, *Herr über seinen Willen* zu sein, ebenso die *Flut an Empfindungen* in unserer so schnelllebigen Zeit zu kontrollieren.

Zu tief, um an Verneinung zu erkranken – ich gehe mit mir selbst so gut um und ruhe in mir, dass Verneinungen und Ablehnungen von anderen Menschen mich nicht kränken können. Frei und ohne Verstockung entwickle ich mich, finde den *Pfad zum Thron der Throne*.

Wie kann ich aber Gedanken nun bewusst steuern? Wie kann ich gerade negative, angstvolle oder hasserfüllte Gedanken und die damit verbundene negative Wahrnehmung und negativen Glaubenssätze ändern?

Ein mächtiges Instrument ist hierzu die (Auto)Suggestion.

„(Auto)Suggestion ist die Beeinflussung (m)einer Person zur Erwirkung bestimmter Gedanken und Vorstellungen, die vom Unterbewusstsein als wahr hingenommen werden."

Dabei gibt es Fremd- und Selbstsuggestionen.
Wie wirksam „Fremdsuggestionen" sind, haben Sie alle schon am eigenen Leib erlebt. Wenn jemand zu Ihnen sagt: „Sie sehen blendend aus", dann werden Sie sich meist auch gleich blendend fühlen, umgekehrt auch.

Mit Selbstsuggestionen, auch Autosuggestion genannt, greife ich selbst bewusst in mein Befinden und auch in meinen Erschaffenskreislauf ein. Ich steuere damit meine Gedanken und Vorstellungen und wirke über die neue „Wahr-Nehmung" auf meine Glaubenssätze und somit auf meine Entscheidungen und mein Verhalten ein.

Hier ein paar Beispiele von meinen Autosuggestionen. Ich sage mir am Morgen, meist auch am Abend, was ich an diesem beziehungsweise am folgenden Tag erreichen möchte.

> *Ich bin gesund, fröhlich und fit!*
> *Ich freue mich auf diese Aufgabe!*
> *Meine Arbeit ist Freude und führt zum Erfolg!*
> *Ich freue mich auf das ... Skirennen ... auf das Seminar*
> *... auf meine Arbeit.*
> *Jetzt gebe ich mein Bestes!*

Ich führe ein positives Selbstgespräch mit mir und stimme mich auf den Tag und auf das Tun ein. Gerade am Morgen verbinde ich meine Autosuggestionen noch mit meinen täglichen Gymnastikübungen. Durch diese Verbindung erreiche ich Nachhaltigkeit. Natürlich hat das, gerade bei unseren Kindern, oft zu Verwunderung geführt und sie haben gefragt: „Was murmelt der Papa denn da?" Heute setzen sie diese Autosuggestionen selbst ein, um zum Beispiel gute Prüfungen zu schreiben.

Sie sollten die obigen (Auto)Suggestionen aber nicht für sich übernehmen, ohne zu prüfen, ob diese auch zu Ihnen passen, zu Ihrer Person, zu Ihren Zielen und zu Ihren Glaubenssätzen. Wir Menschen sind verschieden. Suggestionen müssen immer maßgeschneidert sein.

So coachte ich vor Jahren einen Versicherungskaufmann. Einer seiner ausgeprägten Glaubenssätze war: „Das Leben ist ein Kampf." Mit dieser inneren Haltung ging er in die Kundengespräche. Er führte regelrechte Verkaufskämpfe.

Am Abend war er immer müde und kaputt, hatte aber nichts verkauft. Nach vielen Gesprächen haben wir zwei Suggestionen für ihn entwickelt. Er sollte sich am Morgen und am Abend sagen „Ich lebe leicht" und „Ich verkaufe leicht". Noch im Coachinggespräch hat er mich kämpferisch gefragt, ob ich mir sicher sei, dass dies was nütze. „Nein", war meine schmunzelnde Antwort, „ich bin mir nicht sicher. Ich bin mir aber sicher, es hat keine negativen Nebenwirkungen." Das erste Mal im Gespräch entspannte sich nun sein kämpferischer Gesichtsausdruck, er schmunzelte ebenfalls und hat sich dann vorgenommen, diese beiden Sätze zu sagen.

Schon innerhalb von zwei Wochen ist er wie zufällig über ein großes Versicherungsgeschäft gestolpert. Dieser Erfolg hat seine eingeleitete positive Entwicklung weiter unterstützt. Mittlerweile gehört er zu den Besten. Seine Zielorientiertheit hatte er beibehalten, nun aber verbunden mit einer gewissen Leichtigkeit und Gelassenheit. Er lebt und arbeitet seither nach dem Motto: „Verkaufen ist die Kunst zu gewinnen, ohne zu kämpfen."

„Oberflächliches" positives Denken oder „falsche" dahingesagte Suggestionen erzielen allerdings keine oder nur eine sehr kurzfristige Wirkung.

Bitte beachten Sie darum Folgendes:
- Formulieren Sie Suggestionen mit Freude. Die Freude ist eine Urkraft von uns Menschen.
- Formulieren Sie positiv. Unser Unterbewusstsein kennt nur „JA". (Es kennt das Wort „Nicht" nicht.) Wenn ein Skirennläufer vor dem Start sich permanent sagt: „Ich will nicht stürzen, ich will nicht stürzen", dann ist meist der Sturz vorprogrammiert. Richtig wäre: „Ich fahre sicher und schnell, ich freue mich auf den Lauf."
- Ebenso sollten Suggestionen nie bittend formuliert sein. Die Bitte zeigt dem Unterbewusstsein den Mangel (sonst würden Sie ja nicht darum bitten) und verstärkt eher diesen Mangel. „Bitte lass mich nicht versagen" verstärkt die Angst vor dem Versagen – Misserfolg inbegriffen.
Formulieren Sie Suggestionen dankend.
- „Danke, dass ich dies ... erreicht habe." Mit dieser Suggestion „tun Sie so, als ob". Sie bedanken sich sozusagen vorab. Dies gibt Kraft und Sicherheit.

Wissenschaftler haben herausgefunden, dass wir Menschen bis zu 60 000 verschiedenste Gedanken pro Tag haben. Diese vielen, meist flüchtigen Gedanken alleine haben noch nicht die erschaffende Kraft.

Mit Suggestionen leite und bündle ich manche dieser Gedanken in eine bestimmte Richtung und gebe ihnen mit meiner Vorstellung Kraft. Wenn sich dann noch **positive Bilder** in meinem Kopf einstellen, ich den späteren Zustand visualisiere und sich ein **„Gefühl des Erreicht-Habens"** einstellt, dann setze ich diesen Anziehungskreislauf in Gang. Ich erschaffe.

Die Sonne war schon lange untergegangen und unter den vielen Indianern sitzt auch der alte Indianer mit einem jungen Krieger am Lagerfeuer. Sie beobachten die knisternde Glut und die lodernden Flammen. „Manchmal", sagt der alte Mann nach einer Weile, „manchmal fühle ich mich, als würden zwei Wölfe in meiner Brust miteinander kämpfen." Er schaut dem Jüngling lange und tief in die Augen. „Der eine ist rachsüchtig, aggressiv und will alles zerstören. Der andere nimmt Anteil am Leben anderer Menschen, ist warmherzig und liebevoll." Der Junge sitzt eine Weile schweigend da. „Welcher der beiden Wölfe gewinnt den Kampf?", will er wissen. „Der Wolf", der alte Indianer machte wieder eine längere Pause, „der Wolf, dem ich mehr Futter gebe."

Suggestion ist ein bewusstes „Füttern des Wolfes" in Ihrer Brust. Seien Sie dabei achtsam, dass Sie immer den richtigen Wolf füttern, und lassen Sie nie zu, dass andere Menschen Ihrem „falschen Wolf" Kraft geben.

Diese große Kraft der Suggestionen darf uns nicht darüber hinwegtäuschen, dass wir Menschen auch „tun" müssen. Wir leben nun mal in einer materialistischen Welt. Suggestionen, selbst verbunden mit den schönsten Bildern im Kopf, werden uns das Tun, das Handeln, das Lernen und das Üben nicht ersetzen, es aber deutlich erleichtern, manchmal auch erst ermöglichen.

Im Erschaffenskreislauf müsste die Suggestion an oberer Stelle stehen

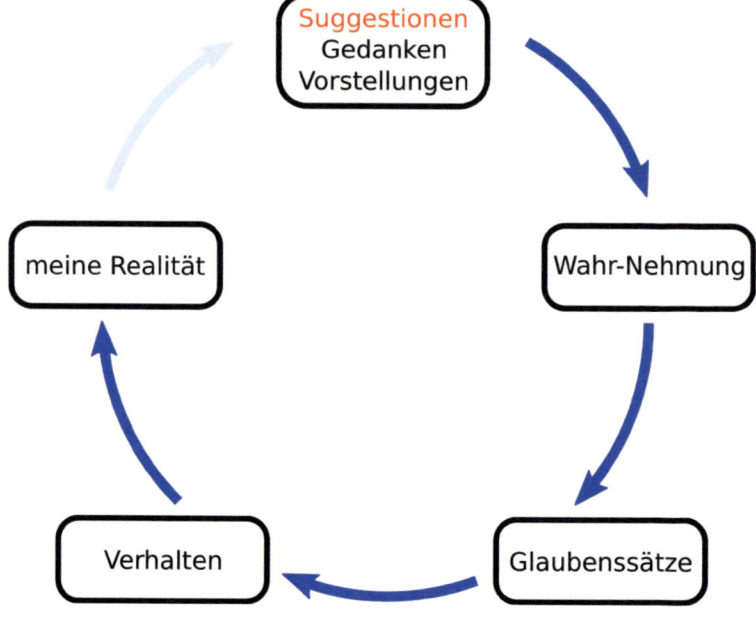

Ist Suggestion kein Selbstbetrug?

In meinen Seminaren werde ich oft gefragt, ob die Suggestion denn kein Selbstbetrug sei. Ich bin ja in dem Augenblick vielleicht gar nicht fröhlich und fit und solle mir das nun sagen und auch vorstellen.

Ja, eine leichte Tendenz zum „Selbstbetrug" gebe ich gerne zu und frage gleich im Gegenzug: „Warum denn nicht, wenn es nützt?"

Ich möchte den „Selbstbetrug durch Suggestion" anders formulieren.

Ich nenne dies den „Schauspielereffekt" nutzen.
Wenn ein Schauspieler eine traurige Szene spielen möchte, dann steigert er sich in Gedanken so in diese Szene hinein, dass seine Tränen echt sind. Der Schauspieler ist in diesem Augenblick traurig.
Dieser „Schauspielereffekt" funktioniert auch anders herum.
Wenn Sie vor einer schweren oder hoffnungslosen Situation stehen, dann können Sie gleich kapitulieren oder „so tun, als ob". Sie tun so, als wäre dies eine Situation, die Sie beherrschen und im Griff haben.
Im Prinzip steht doch vor jeder persönlichen Weiterentwicklung erst einmal ein **„So tun, als ob"**. So kann ein Kleinkind ja nicht von Anfang an selbstständig gehen, aber es tut so, als ob. Es macht die ersten wackeligen Schritte und fällt dann auf den Po. Doch es gibt nicht nach und steht einfach wieder auf, versucht es ein weiteres Mal, kommt ein, zwei Schritte weiter und fällt wieder auf den Po. Das Gehen entwickelt sich mit dem „So tun, als ob". Wenn die Eltern das Kind mit Worten ermuntern, Anerkennung zeigen und mit ausgestreckten Händen Sicherheit signalisieren, dann hat die Weiterentwicklung große Aussicht auf Erfolg. Dieses „Gehen lernen" von Kleinkindern steht sinnbildlich für jede Weiterentwicklung von uns Menschen. Das „Ermuntern, Anerkennung geben, Sicherheit geben" steht dabei für die gute Erziehung, im übertragenen Sinne auch für die gute Mitarbeiterführung als Führungskraft.

Ein Beispiel soll „so tun, als ob" weiter verdeutlichen.
Frühmorgens komme ich mit meinen Skiern an den Starthang des Skirennens und sehe von unten schon den gesteckten Torlauf. Sofort erkenne ich mit Kennerblick die „Ecken" in dem Torlauf. Zudem liegt noch der Neuschnee in manchen Toren und mein

erster Gedanke ist: „Da fahre ich nicht mit, ich gönne mir einen stress- und rennfreien Skitag." Am Lifthäuschen lese ich dann in der dort ausgehängten Starterliste noch meinen Startplatz, die Startnummer 186!

Das bedeutet, dass 185 Läufer vor mir durch denselben Torlauf fahren, das gibt tiefe, schwer zu fahrende Löcher um die Tore, und mein Gedanke an den „stressfreien Skitag" ohne das Renngeschehen festigt sich immer mehr.

Nun kommt der Schauspielereffekt und ich sage zu mir (Selbstsuggestion):
„Freue dich auf den Lauf!"
„Gerade wenn's schwer wird, zählt deine Erfahrung."

Ich fahre mit dem Lift den Rennhang hinauf, ziehe meine ersten Schwünge in den Schnee, um mich warm zu fahren, nehme den Rhythmus des Hanges auf und spüre dabei die erste Freude und auch die Kraft, die ich habe.

Dann schaue ich den Lauf an. Bei der näheren Betrachtung erkenne ich, dass dieser sehr gut gesteckt ist, der Kurssetzer hat sich was dabei gedacht. Zudem sind die Schneehäufen schon von Helfern aus den Toren rausgeschoben und gerutscht. Der Lauf passt. Die hohe Startnummer nehme ich dabei als gegeben hin (Hingabe), erinnere mich, dass ich auch schon mit hohen Nummern gewonnen habe und zudem solche Situationen oft geübt habe. Dadurch kann ich mich auch schon innerlich gut auf die Löcher und Kuhlen einstellen.

Ich gehe voller Tatendrang in den Startbereich und mache meine Vorbereitungsübungen mit der Zuversicht eines Siegers. Diese Zuversicht bleibt nicht verborgen und meine Mitstreiter denken: „Mensch, der ist gut drauf."

Mit dieser Zuversicht stehe ich dann am Start und sage zu mir:
„Sei schnell, die Strecke ist für dich frei, gib dein Bestes."

Ich höre den Starter sagen: „Startnummer 186 am Start, ich zähle 5, 4, 3, 2, 1" ..., das Go höre ich schon nicht mehr. Ich starte explosiv, fahre mit zwei kurzen Schlittschuhschritten und kräftigem Stockschub beschleunigend, direkt auf das erste Tor zu. Dann kann ich mich nur noch bruchstückhaft an die weiteren Tore, an die weiteren Kurven und an meine Schwünge erinnern. Es fährt, ohne zu denken, das „ganze Ich".

Im Ziel schwinge ich vehement ab und mein Denken meldet sich freudig zurück: „Mann, das war ein geiler Lauf." Die gemessene Zeit bestätigt wenig später mein gutes Gefühl. Ich habe meine Altersklasse gewonnen, und insgesamt den zweiten Platz belegt. Ein Jugendlicher hat eine schnellere Zeit. Ich freue mich sehr für diesen jungen Burschen, denn ich weiß, er hat Ähnliches wie ich erlebt.

Übrigens, nach der Siegerehrung kehre ich etwas müde und sehr zufrieden mit meinen Skiern wieder zum Parkplatz zurück, vorbei an dem Lifthäuschen. Dort flattert leicht im Wind die mittlerweile lädierte Starterliste ... mit meiner Startnummer 186. Vor acht Stunden hätte ich hier das Rennen fast geschmissen. Es wird mir bewusst, dass nicht die Situation, sondern alleine mein Umgang mit dieser Situation entscheidend war.

Mit meiner Denk- und Vorgehensweise kann ich den Sieg und den Erfolg nicht erzwingen. Ich kann damit den Sieg und den Erfolg vielmehr ermöglichen. Gerald Hüther beschreibt dies als „die Kunst des Gelingenlassens". Im Falle des Skirennsportes ist es sicherlich die Kunst des „Fahrenlassens".

Mit meinem Umdenken am Renntag habe ich meine Wahr-Nehmung verändert. Ich nehme jetzt etwas anderes „wahr". Dies funktioniert nicht immer sofort und darum helfe ich mir mit einem kleinen Trick.

Ich mache mit mir selbst in schwierigen Situationen einen kleinen Vertrag:
„Ich tue zehn Minuten so, als ob!" Ich nutze zehn Minuten diesen Schauspielereffekt. Nach diesen zehn Minuten entscheide ich mich dann – meist für das Tun!
Mit meiner veränderten Wahrnehmung konzentriere ich mich nicht mehr auf meine hohe Startnummer und die Löcher um die Tore, sondern auf meine Chance, auf meine Geschicklichkeit und Kraft. Ich empfinde plötzlich Freude, gerade an den Schwierigkeiten des Laufes. Ich komme in „Flow", auch wenn um die Tore herum meine Ski rattern.

Für die unterschiedlichen „Wahr-Nehmungen" gibt es unzählige Beispiele.
So konnten früher meine Mitarbeiter ein und die gleiche Situation mal als schwierig, mal als bedrohlich, mal als herausfordernd, manche sogar als lustig empfinden. Dabei gab immer die jeweilige Denkweise meiner Mitarbeiter den Ausschlag in die verschiedenen Richtungen.
Ich kann ein Glas als halbvoll oder halbleer ansehen, ich entscheide selbst darüber mit meiner Einstellung.

Diese Vieldeutigkeit ist in vielen Illusionsbildern angelegt. So werden in ihnen Botschaften versteckt, die wir im Zusammenspiel von Augen und Gehirn entschlüsseln und das Bild wahrnehmen.

Was sehen Sie?

Sehen Sie den alten, bärtigen Mann im Wald ...
... oder das sich küssende Liebespaar zwischen den Efeuranken?
Ihre Gedanken steuern Ihre Wahrnehmung.

Meine Wahrnehmung hat Einfluss auf meine Glaubenssätze.
(Ich sehe, also glaube ich.)

Meinen Glaubenssatz „Mit Startnummer 186 kannst du kein Rennen gewinnen" habe ich mit meiner neuen Denkweise und meiner neuen Wahrnehmung geändert. Natürlich nicht sofort und nicht für immer, denn nicht jede Wahrnehmung hat sofortigen Einfluss. Ich brauche dazu Übung und Training sowie mehrere Erfolgserlebnisse, um so einen negativen Glaubenssatz zu ändern und einen positiven Glaubenssatz zu festigen.

Was wäre die Alternative?

Hätte ich vor dem Rennen nicht umgedacht, dann hätte sich mein anderer Glaubenssatz gefestigt. Mehrere nicht angetretene Skirennen hätten mich dann in der neuen Skisaison dazu veranlasst, mich gar nicht mehr für anspruchsvolle Rennen anzumelden. Dies braucht ja kein Fehler zu sein. Ich muss ja keine Skirennen fahren, schon gar nicht im Alter von über 50 Jahren. Ich möchte diesen Prozess aber bewusst steuern. Ich möchte Herr über meine Glaubenssätze sein.

Glaubenssätze entwickeln sich in der Kindheit durch Erziehung, Erlebnisse, Denkweisen, die von Eltern, Großeltern, Geschwistern, allgemein vom Umfeld automatisch übernommen werden. Ich kann mich als Kind gegen Denkweisen ja nicht wehren, auch nicht gegen schlechte Denkweisen.

Irgendwann, mit dem Älterwerden, kann ich aber selbst erkennen, welche bisherigen Denkweisen und die damit verbundenen Glaubenssätze ich habe und ob die zu mir und meinen Zielen passen. Ich kann dann selbst entscheiden, ob ich damit leben will oder nicht.

So hat mir mein Vater oft gesagt: „Bub, du hast zwei linke Hände, du wirst nie Handwerker." Dies hat sich tatsächlich so gefestigt, dass ich es mit dem „Handwerken" schwer habe. Ich erkenne diesen Glaubenssatz, akzeptiere ihn und will ihn auch nicht ändern. Wenn ich nun aber einen handwerklichen Beruf hätte, dann müsste ich zwingend mein Denkmuster und den damit verbundenen Glaubenssatz auflösen, sonst könnte ich kein erfolgreicher Handwerker sein.

Die anderen vielen positiven Glaubenssätze von meinen Eltern und meinem Umfeld nehme ich dankbar an und festige sie durch mein positives Denken weiterhin. Negative ändere ich bewusst durch passende Suggestionen.

Ich bin grundsätzlich der Meinung, dass wir Menschen hier in Deutschland positive Glaubenssätze haben, sonst ginge es uns nicht so gut. Fast jeder von uns hat aber auch Denkmuster, die nicht zu uns passen. Diese negativen Denkmuster und die daraus

resultierenden Glaubenssätze wirken dann wie ein Gefängnis und sind die größte Handbremse in unserer Entwicklung.
Meine Glaubenssätze haben Einfluss auf mein Verhalten.

Auch wenn ich noch so positiv mit mir umgehe, gibt es Situationen (auch nach meinem Minuten-Vertrag), in denen ich nicht weiß, wie ich mich verhalten oder wie ich mich entscheiden soll.

Oft entwickelt sich aus solchen Situationen eine regelrechte Entscheidungslosigkeit, ich erstarre. Dieses „Erstarren in der Entscheidungslosigkeit" ist oft der Anfang von Handlungsunfähigkeit und breitet sich nicht selten auch auf andere Lebensgebiete aus. Selbst die besten Ideen werden dann nicht umgesetzt. Der Erschaffenskreislauf scheint zu stocken.

Dies ist wie bei dem Esel, der zwischen zwei großen Heuhaufen steht und verhungert, weil er sich nicht entscheiden kann, von welchem er fressen will.

Eine einfache Erkenntnis kann mir über das „Nicht-entscheiden-Können" hinweghelfen.

Entscheiden heißt Verzichten

Wenn ich morgens in der Früh Skifahren will, verzichte ich auf das Ausschlafen. Gehe ich heute Abend essen oder joggen?

Nicht ohne Grund ist das Entscheiden für die meisten Menschen schwierig, denn die Vielzahl der Optionen unserer Zeit erschwert das Verzichten.

Die Menschen halten aus Angst vor dem „Verpassen" und dem „Verzichten" sowie aus Angst vor der Zukunft an allem fest. Sie wollen sich Optionen und Hintertürchen offenhalten und können nicht loslassen.

Auch aus Angst, die falschen Entscheidungen zu treffen, erstarren viele Menschen in dieser Entscheidungslosigkeit. Es werden Entscheidungen oft anderen Menschen oder sogar Gegebenheiten überlassen.

Damit machen sich diese Menschen zum Spielball der Interessen anderer.

Das Selbstwertgefühl und damit die Selbstachtung sind beim Teufel.

Können wir uns „entwickeln", die eigene Lebensspur ziehen, wenn andere über uns entscheiden?

Wenn ich erkenne, dass Entscheiden immer auch Verzichten heißt, dann kann ich Entscheidungen leichter treffen.

Das Glück folgt der Entschiedenheit

Wer oder was in uns trifft denn nun Entscheidungen?
Ist es unser Gehirn, unser Bauch oder unser Herz?
Meine Meinung ist: „Große Entscheidungen werden nicht getroffen, sie entwickeln sich." Sie entwickeln sich eben durch den oben beschriebenen Erschaffenskreislauf „Gedanken-Wahrnehmung-Glaubenssätze-Verhalten-Realität". Das Verhalten, verbunden mit der vorangetroffenen Entscheidung.

So hat sich auch meine Entscheidung, den sicheren „Banker-Beruf" gegen die unsichere „Selbstständigkeit eines Verhaltenstrainers" zu tauschen, langsam entwickelt. Die Gedanken kreisen dabei immer öfters in die eine Richtung, damit sich die innere Klarheit zeigen kann. Dann ist es wichtig, „sein Herz in die Hand zu nehmen" und „Ja" oder „Nein" zu sagen.
Die „Jein-Sager" halten an allem fest und verlieren dabei das meiste, mitunter auch die Selbstachtung.

Unsere Seele will, dass wir unseren Lebensweg gehen, und so werden alle Entscheidungen vom Bauch, Herz und Gehirn sich in diese Richtung „Lebensspur" bewegen, auch wenn dies bei manch getroffener Entscheidung auf den ersten Blick nicht ersichtlich ist.

Sicherlich ist es für unsere Entwicklung wichtig, von all den Entscheidungen und den damit verbundenen Resultaten zu lernen, im positiven wie auch im negativen Sinne. Dabei lerne ich von den Fehlentscheidungen und den damit oft verbundenen Niederlagen meist mehr und schneller als von meinen richtigen Entscheidungen.
Was ist also nun eine richtige und was eine falsche Entscheidung für meine Entwicklung? Was ist überhaupt richtig, und was ist falsch?

Ein Mensch erkennt, und das ist wichtig.
Nichts ist ganz falsch, und nichts ganz richtig.

Der deutsche Dichter Eugen Roth stellt hier sehr schön heraus, das Richtig und Falsch keine festen und für alle und immer unumstößlichen Definitionen besitzen und sie darüber hinaus nicht immer ganz eindeutig zugewiesen werden können. Sie sind Polaritäten in einem menschlichen Wertesystem, das gerade in der heutigen schnelllebigen Zeit sehr bald wieder ganz anders aussehen kann.

Was ist also zu tun, wenn wir entscheiden wollen?

Anselm Grün bringt in seinem Buch „50 Engel für das Jahr" die Sache auf den Punkt.

> *Der Kluge denkt nicht allein mit dem Verstand,*
> *sondern mit dem Herzen.*
> *Er ergreift beherzt die Gelegenheit,*
> *die sich ihm bietet.*
> *Und er sieht die feinen Unterschiede,*
> *die manch grobem Geist verborgen bleiben.*
> *Klugheit ist die praktische Vernunft,*
> *die das Wissen in ein Tun umsetzt,*
> *das der Wirklichkeit angemessen ist.*
> *So nützt Vielwissen wenig, wenn du nicht erkennst,*
> *was jetzt im Augenblick richtig ist!*

Nicht nur das Ausfüllen einer Entscheidungsmatrix, sondern das achtsame In-sich-Hineinhören und Sich-Fragen: „Nützt die getroffene Entscheidung mir selbst, meinen Mitmenschen und der Umwelt?" stehen im Vordergrund. Dazu gehört wiederum die Erkenntnis, dass alles zusammengehört und im gegenseitigen Einfluss steht.

Ich denke, für die großen und kleinen Entscheidungen stellt die Seele einen Korridor zur Verfügung, damit man seine Lebensspur ziehen kann, sein Lebensziel findet.

Werden auf Dauer Entscheidungen getroffen, die außerhalb von diesem Korridor liegen, so wird sich die Seele melden. Unbehagen, Lustlosigkeit, Depressionen und Krankheit machen sich breit. Dies wird auch deutlich, wenn jemand zwei gegensätzliche Ziele verfolgt oder seine Ziele nicht mit den eigenen Werten übereinstimmen.

Das große „Loslassen"

Entscheiden heißt verzichten, heißt loslassen.

Ich kann mich nur für etwas Neues entscheiden und dies auch tun, wenn ich gleichzeitig Altes loslasse.

So kann ich nicht nach neuen Dingen greifen, wenn ich bereits beide Hände voll habe. Meistens versuchen wir Menschen dies ja, klemmen sprichwörtlich noch weitere Dinge unter den Arm, weil die Hände schon voll sind.

Wenn ich zu viel trage, dann fällt etwas herunter. Ich greife schnell danach und schon fällt mir Weiteres auf den Boden und geht dabei kaputt.

Wir können nicht alles gleichzeitig haben und tun.

Stellen Sie sich vor, Sie stehen auf dem Bahnsteig und der Zug Ihres Lebens fährt durch den Bahnhof. Aufgrund unserer schnelllebigen Zeit hält der Zug nicht mehr lange, und Sie können, wenn Sie aufsteigen möchten, nicht alle Ihre Gepäckstücke mitnehmen. Sie müssen manche Gepäckstücke stehen lassen und mit „Selbstvertrauen" oder „Gottvertrauen" aufsteigen.

So ist es auch mit unseren Gewohnheiten. Wir können nicht alle alten Gewohnheiten mitnehmen und uns gleichzeitig neu entwickeln. Wir müssen den Mut haben, manch alte Gewohnheiten stehen zu lassen, loszulassen.

Hermann Hesse beschreibt dies in seinem Gedicht „Stufen" mit Abschied nehmen.
... es muss das Herz, bei jedem Lebensrufe,
bereit zum Abschied sein und Neubeginne ...

Genauso wie mit den Gewohnheiten ist es auch mit unserer Denkweise. Wir können nicht an alten Denkweisen festhalten und gleichzeitig Neues anstreben.

Wenn ich als Trainer in Firmen Veränderungsprozesse begleite, kommt von vielen Mitarbeitern die Aussage: „Das habe ich aber immer schon so gemacht."

Diese Denk- und Ausdrucksweise hindern diese Menschen, Neues auszuprobieren.

Gerade wenn ich etwas schon sehr lange immer gleich tue, ist es wichtig, achtsam zu prüfen, ob ich nicht schon in dieser Denkfalle stecke, selbst wenn ich bisher damit Erfolg hatte. Der bisherige Erfolg ist nämlich kein Garant für den zukünftigen Erfolg, gerade in unserer schnelllebigen Zeit. Der Lorbeerkranz wird heutzutage sehr schnell zu „Kompost".

Nur wenn ich Altes loslasse, kann ich mich Neuem zuwenden.

... es wird vielleicht auch noch die Todesstunde
uns neuen Räumen jung entgegen senden,
Des Lebens Ruf an uns wird niemals enden ...
Wohlan denn, Herz, nimm Abschied und gesunde!
(Stufen, Hermann Hesse)

Ebenso ist es mit der Lebensfreude und dem Genuss. Ich kann im Leben nur das genießen, was ich auch bereit bin zu verlieren, bereit bin „loszulassen". Wenn ich mich an meinen Partner, meine Kinder, mein Geld oder meine Jugend klammere, dann ist dieses Klammern auch immer verbunden mit der Angst, es irgendwann zu verlieren. Bei dieser Verlustangst können keine Freude und Genuss aufkommen. Klammern macht zudem Beziehungen kaputt, lässt das Geld nicht fließen und lässt mich immer „alt" aussehen.

Das größte „Loslassen" von uns Menschen ist am Ende des Lebens das Sterben.

„Das letzte Hemd hat keine Taschen." Wir nehmen keinerlei materiellen Dinge mit beim Sterben, vielleicht aber „Denkweisen" und einen gewissen eigenen „Entwicklungsstand"? Wenn ich schon zu Lebzeiten das Loslassen übe, dabei meiner Lebensspur folge und das Leben genieße, wird das „große Loslassen" am Ende meines Lebens nicht so schwer fallen. Ich muss also nicht erst sterben, um heimzufliegen, wie im Gedicht „Mondnacht" von Eichendorff beschrieben.

Fünf Sinne hat der Mensch … (oder sechs?)

… sehen, riechen, hören, schmecken, tasten … und … ahnen!
Unser Unterbewusstsein ist ein riesengroßer Speicher an Wissen und Erfahrung. Für jedes Problem gibt es bereits die Lösung und auf jede Frage die Antwort.

Wie komme ich aber an diese große „Festplatte" heran?

Auf keinen Fall mit zwanghaftem Wollen, ebenso wenig mit Verbissenheit oder harter Arbeit. Loslassen können, Geschehen lassen, Ruhe, Achtsamkeit und auch das öfters mal Alleinsein sind der Code, um an seine inneren Ressourcen zu gelangen, seinen sechsten Sinn zu benutzen.

Der sechste Sinn meldet sich selten mit einem Paukenschlag, eher kommt er auf leisen Sohlen daher. Man muss erst auf ihn hören und achten lernen.

Man kann auch nicht von heute auf morgen einen Marathon laufen.

„(Ver)Suchen" ist hier sicherlich die richtige Devise, um Erfolge und Verhaltensveränderungen herbeiführen zu können. Dabei ist wichtig, dass das Sprichwort **„Denke nach, bevor du handelst/redest!"** richtig interpretiert wird. Denk nach, bevor du handelst, heißt: Investiere durch deine richtige Denkweise in dein gutes Gedankengut.

Beim eigentlichen Tun darfst du nicht mehr denken. Dieses Denken während oder kurz vor dem Tun bremst die Aktion, die Wirkung und auch das Gelingen.

Wenn sich das Gehirn einschaltet, dann wird in Bruchteilen von Sekunden geprüft, ob dies auch bei den Mitmenschen als „normal" ankommt.

Meistens wird dann die spontane Aktion nicht ausgeführt, man kommt nicht ins Handeln, nie auch zum ausgelassenen Tanzen beim Après-Ski.

Wenn ich eine Verhaltensveränderung anstrebe, dann kann ich das oben genannte Sprichwort umdrehen:

Ich handle/rede, bevor ich denke, und gebe meinen rationalen Gedanken, meinen Bremsern, keine Chance, wie das obige Beispiel mit dem Tanzen zeigt.

Dies funktioniert aber nur, wenn ich grundsätzlich so gut mit mir, meinem Denken und mit meinem Erschaffenskreislauf umgehe, dass ich mich beim Tun auf meine Intuition verlassen kann.

Erfolgreiche Menschen, zum Beispiel erfolgreiche Sportler, investieren vor dem Tun in die richtigen Gedanken. Beim eigentlichen Tun denken sie nicht nach – **sie tun.**

Wenn ein Skirennläufer während des Rennens „denkt", ist er meist zu langsam.

Frage ich den „Gewinner" nach dem Skirennlauf: „Was hast du beim Lauf gedacht?", dann antwortet er meist und ehrlich: „Nichts, nichts habe ich gedacht!"

Wenn ein Stürmer nach dem Fußballspiel interviewt wird, wie er denn genau das Tor geschossen hat, dann antwortet er: „Ich hab ihn einfach reingemacht."

Früher dachte ich, der Fußballer ist doch blöde oder rhetorisch nicht auf der Höhe; kann er denn nicht erklären, wie er dies getan hat?

Heute weiß ich, dass dies eine sehr ehrliche Antwort war, weil sich der Schütze daran wirklich nicht erinnern konnte. Er hatte nicht geschossen, sondern „Es".

Die Freiheit des Unbewussten äußert sich in der Spontanität.

„Die Gedanken sind frei"

ist ein weitverbreitetes Sprichwort und verdeutlicht die große Wahlfreiheit, die wir Menschen haben. Oft wird dieses Sprichwort aber so ausgelegt:

Wenn Gedanken frei sind, dann ist ja nicht so wichtig, was und wie ich denke.

Somit kann dieses falsch ausgelegte Sprichwort sehr gefährlich werden, denn die Gedanken sind der Ursprung von allem Erschaffenen, ob dies nun gut oder böse ist. Darum gilt:

Achte auf deine Gedanken, denn sie werden deine Worte.
Achte auf deine Worte, denn sie werden deine Taten.
Achte auf deine Taten, denn sie werden dein Schicksal!

Wir können also sehr wohl unser Schicksal selbst in die Hand nehmen, auf die eigenen Gedanken und Worte achten, entscheiden, anpacken, mithelfen und Verantwortung übernehmen für eine gute und positive Lebensgestaltung.

Ziehe deine Lebensspur!

Mit Freude mehr erreichen

Déjà-vu

Da war es wieder, das Bild vom blauen Winterhimmel, das ich bei meinem Skiunfall vor ziemlich genau zwanzig Jahren schon vor Augen hatte.

Ich liege im Schnee, halb auf dem Rücken, und blinzle vorsichtig in den blauen Winterhimmel.

Nein, ich bin nicht gestürzt. Heute habe ich mich freiwillig „fallen lassen" in den schönen und weichen Schnee.
    Mit den Armen fächere ich seitwärts und male behutsam einen „Schneeengel".
    Meine Kindheit, mein Skiunfall und der jetzige Augenblick scheinen zu verschmelzen – **Weltenseele?**

Zurück bleibt ein Gefühl der Dankbarkeit und der Freude.

Spontan kommt mir das Gedicht von Mascha Kaléko in den Sinn. Niemand beschreibt diese tiefe Freude, völlig unabhängig von den äußeren Umständen, besser als sie.

> *Sozusagen grundlos vergnügt*
>
> *Ich freu mich, daß am Himmel Wolken ziehen*
> *Und daß es regnet, hagelt, friert und schneit.*
> *Ich freu mich auch zur grünen Jahreszeit,*
> *Wenn Heckenrosen und Holunder blühen.*
> *– Daß Amseln flöten und daß Immen summen,*
> *Daß Mücken stechen und daß Brummer brummen.*

Daß rote Luftballons ins Blaue steigen.
Daß Spatzen schwatzen. Und daß Fische schweigen.

Ich freu mich, daß der Mond am Himmel steht
Und daß die Sonne täglich neu aufgeht.
Daß Herbst dem Sommer folgt und Lenz dem Winter,
Gefällt mir wohl. Da steckt ein Sinn dahinter,
Wenn auch die Neunmalklugen ihn nicht sehn.
Man kann nicht alles mit dem Kopf verstehn!
Ich freue mich. Das ist des Lebens Sinn.
Ich freue mich vor allem, daß ich bin.

In mir ist alles aufgeräumt und heiter:
Die Diele blitzt. Das Feuer ist geschürt.
An solchem Tag erklettert man die Leiter,
Die von der Erde in den Himmel führt.
Da kann der Mensch, wie es ihm vorgeschrieben,
– Weil er sich selber liebt – den Nächsten lieben.
Ich freue mich, daß ich mich an das Schöne
Und an das Wunder niemals ganz gewöhne.
Daß alles so erstaunlich bleibt, und neu!
Ich freu mich, daß ich ... Daß ich mich freu.

Dankeschön!

Dieses Buch entstand über einen langen Zeitraum hinweg, geschrieben meist unterwegs an Abenden zwischen den Seminartagen, daheim im eigentlichen Feierabend und an so manchen Ferientagen. Es hat sich in dieser Zeit „entwickelt", so wie sich in dieser Entstehungszeit auch mein Denken und Wissen weiterentwickelt haben.

Mit ihren Ideen, ihrer Kritik und ihrer immer ehrlichen Meinung haben meine Söhne Philipp und Julien sowie meine Frau Doris diesen Prozess begleitet. Dafür bin ich sehr dankbar.

Darüber hinaus haben viele Menschen, bewusst oder unbewusst zu dem Gelingen beigetragen:
Katharina Berestjanski, Julia Beschle, Oliver Gorus, Franz Keller, Eva Krause, Gisela Oehler, Edith Ruch, Evelyn Thriene ... und viele Freunde sowie viele Seminarteilnehmer.

Herzlichen Dank!

Quellen

Seite 20 Josef von Eichendorff, „Die Mondnacht" aus: Lieblingsgedichte der Deutschen, Piper, 2003.

Seite 31 Johann Wolfgang Goethe, „Geschrieben steht ..." aus: Faust Tragödie Erster Teil, Reclam, 2000.

Seite 38 Mascha Kaléko, „Irgendwer" aus: In meinen Träumen läutet es Sturm, ©dtv-Verlag, 1977.

Seite 43 Christian Morgenstern, „Geschöpf nicht mehr" aus: Wir fanden einen Pfad, 1914.

Seite 47 Christian Tschepp & Susanne Schinagl, „Kampf der Wölfe" aus: Die Hummel, ©Junfermannsche Verlagsbuchhandlung, 2007.

Seite 53 Optische Täuschung „The Kiss", Gestalter unbekannt, 1884.*

Seite 59 Eugen Roth „Richtig – Falsch" aus: Ein Mensch, Carl Hanser Verlag
GmbH & Co.KG, München, ©Dr. Thomas Roth

Seite 59 Anselm Grün, „Der Kluge denkt nicht nur ..." aus: 50 Engel für das Jahr, S. 144 f., Inspirationsbuch ©Verlag Herder GmbH, Freiburg, 2014.

Seite 61 Hermann Hesse, „Die Stufen" aus: Sämtliche Werke, Band 10: Die Gedichte, ©Suhrkamp Verlag Frankfurt am Main, 2002.

Seite 66 Mascha Kaléko, „Sozusagen grundlos vergnügt" aus: In meinen Träum läutet es Sturm, ©dtv-Verlag, 1977.

*Trotz intensiver Recherche konnte der Gestalter nicht ausfindig gemacht werden. Bitte informieren Sie mich, wenn Ihnen ein Quellenhinweis vorliegt.
Vielen Dank!

Karl-Ludwig Oehler

Geboren am 2. März 1959.
Verheiratet mit Doris Oehler.
Zwei erwachsene Söhne: Philipp und Julien.

20 Jahre Führungserfahrung als Banker in der Sparkassen-Finanzgruppe.

Langjährige nebenberufliche Tätigkeit als Verhaltenstrainer und Coach.

Seit 2006 selbstständiger Redner, Trainer und Coach in den Bereichen Führung, Verkauf, Team- und Motivationstraining sowie Mentaltraining für Sportler und Jugendliche.

Windsurfer und begeisterter Skifahrer.
Skilehrerausbildung sowie Trainer B-Lizenz für den alpinen Skirennlauf.

www.oehler-seminare.de